Minimalistisches Leben

------- ✫✫✫ -------

Entdecke die Stra tegien, um Dinge loszuwerden und dein Leben und dein Zuhause zu ordnen, ohne dich stressen zu lassen

Chloe S

Urheberrechte 2018 von Chloe S Alle Rechte vorbehalten.

Die hier aufgeführten Informationen sind ehrlich und konsequent, insofern besteht keine Haftung in Bezug auf Unaufmerksamkeit oder auf andere Weise, jede Verwendung oder Missbrauch der Richtlinien enthaltenen der einsamen und totalen Verantwortung des Empfängers, des Lesers. Unter keinen Umständen findet irgendwelche Haftung oder Schuld gegen den Herausgeber für Wiedergutmachung, Schäden oder finanzielle Verluste aufgrund der Information, die in diesem Dokument aufgelistet wurden, ob direkt oder indirekt.

Jeweilige Autoren besitzen alle Urheberrechte, zwar nicht durch den Verlag.

Die Informationen hierin ist ausschließlich zu Informationszwecken angeboten und ist universell so. Die Präsentation der Informationen ist ohne einen Vertrag oder eine Qualitätssicherung zu gewährleisten.

Die Warenzeichen, wurden ohne Zustimmung, und die Veröffentlichung der Marke ist ohne Erlaubnis oder Unterstützung durch den Markeninhaber verwendet. Alle Warenzeichen und Marken in diesem Buch sind nur für Klärung und stehen in keiner Weise in Verbindung zu diesem Dokument.

Inhaltsverzeichnis

Manuskript 1

Minimalismus

----- ❧❧❧❧ -----

Die praktischen minimalistischen Strategien zur Vereinfachung von deinem Heim und Leben

Chloe S

Einleitung

Ich danke dir und gratuliere dir zum Kauf des Buches "Minimalismus: Die praktischen, minimalistischen Strategien zur Vereinfachung von deinem Heim und Leben".

Dieses Buch enthält bewährte Schritte und Strategien, wie man das überschüssige Zeug filtert und vergällt und sein Leben mit Absicht lebt. Die Philosophie des Minimalismus kann auf jeden Teil deines Lebens angewendet werden: Was du besitzt, was du für die Arbeit tust, was du deinem Kalender vorgibst und wie du dich mit anderen Menschen verbunden fühlst.

Minimalismus bedeutet nicht, in einem kleinen Haus zu leben und mehr als 100 Dinge zu besitzen (obwohl du das sicherlich tun kannst). Als Minimalist zu leben bedeutet nicht, dass man auf moderne Annehmlichkeiten verzichten muss. Es gibt ein leitendes Prinzip, um zu entscheiden, was bleibt und was geht: Finde heraus, was Wert und Zweck bringt, dein Leben zu verändern und den Rest loszulassen

Die Anwendung dieses Prinzips ist kein einheitlicher Ansatz. Jeder von uns - Einzelpersonen, Paare und

Familien - wird diese Richtlinie für unsere spezielle Saison und Situation verwenden. Wir werden unterschiedliche Antworten auf die Frage haben, was Wert und Zweck bringt. Du liest dieses Buch wegen deinem Interesse am Minimalismus. Vermutlich vermutest du auch, dass das intensive Streben unserer Kultur, mehr zu haben und mehr zu tun, nicht zu nachhaltigem Glück führt. Ich möchte, dass du herausfindest, wie weniger in deinem Leben vielleicht viel mehr bedeutet, als mehr.

Minimalismus hilft dir, deine Prioritäten zu überdenken, so dass du den Überschuss identifizieren und entfernen kannst, der nicht mit dem übereinstimmt, was du willst. Obwohl die Reise oft mit der Beseitigung von physischem Durcheinander beginnt, führt sie auch dazu, das Durcheinander von Herz und Seele loszulassen. Es bringt Bewusstsein für die Leere in deinem Leben, dass du versuchst mit Dingen zu füllen, die es nicht füllen werden, zumindest nicht sehr lange.

Nochmals vielen Dank für den Kauf dieses Buches, ich hoffe du genießt es!

Kapitel 1:
Ein Überblick über Minimalismus

Geschichte des Minimalismus

Die minimalistische Bewegung war eine, die 1960 in Amerika in der Kunstwelt als Antwort auf eine Kunstkultur begann, die ungeordnet und überladen war. Die Künstler der damaligen Zeit waren der Ansicht, dass die Überbeanspruchung von Symbolik und Metaphern in der Kunst exzessiv geworden sei und reagierten darauf, indem sie eine neue Kunstform entwickelten, die sich mehr auf die Materialien der Kunst als auf die Botschaft konzentrierte.

Anstatt beispielsweise Gemälde mit versteckten Bedeutungen und Symbolen zu übermalen, könnte der Minimalist eine Skulptur aus einer weggeworfenen Keramik herstellen oder ein Porträt eines einsamen roten Quadrats malen. Es ging darum, von der endlosen Suche nach Sinn durch Motive in der Kunst zurückzukehren und stattdessen die Einfachheit des Wesens der Kunst anzunehmen; seine Materialien und rohe Form.

Es ging darum, Werke zu schaffen, die keine verdeckten Bezüge zu Politik, Geschichte, aktuellen Ereignissen oder heißen Themen haben, sondern einfach Arbeitsplätze schaffen, die in ihrer Einfachheit schön sind.

Musik folgte. Eine 1964 komponierte Komposition des amerikanischen Komponisten Terry Riley mit dem Namen In C gilt weithin als das erste Arrangement eines minimalistischen Musikstücks. Wie in der Kunstwelt waren Musikkompositionen mit unnötigen Instrumenten und Schichten überladen worden, die Musik erzeugten, die letztlich unangenehm war, um zu hören und einen Angriff auf die Sinne waren. Die minimalistische Bewegung in der Musik war eine Rückkehr zu geradlinigeren Harmonien mit weniger Instrumenten, die es dem Zuhörer erlaubten, jede Note zu würdigen.

Auch die Mode hat die Bewegung angenommen. Minimalistische Mode folgt den gleichen Regeln wie in Kunst und Musik; nämlich jedes Design abzulehnen, das übermäßig kompliziert ist oder in irgendwelchen Logos oder Bildern enthalten ist, die sich auf irgendein Thema beziehen und die Aufmerksamkeit von der alltäglichen und geradlinigen Form des Kleidungsstücks selbst ablenken. Viele Menschen müssen, wenn sie an minimalistische Mode tragen nichts als schwarz oder ganz weiß und ohne

Zubehör, aber echte minimalistischen Stil geht noch weiter als das, mit Designs, die sehr komplex sein können, als minimalistisch, weil letztlich, wenn sie getragen werden sie scheinend schlanke, vereinfachte Formen zu haben.

Alternativ kann die minimalistische Mode bizarr erscheinen, da sie sogar die Form des Körpers selbst ablehnen kann. Daher können Kleidungsstücke gezielt entworfen werden, um die Aufmerksamkeit von der Figur des Trägers abzulenken.

Nachdem die minimalistische Bewegung in den kulturellen Bereichen Kunst, Musik und Mode übernommen wurde, wurde sie von Innenarchitekten auf der ganzen Welt angenommen. Minimalismus im Interior Design entwickelte sich etwas später als Minimalismus für Musik, Kunst und Mode, ist aber zu einem beliebten Stil auf der ganzen Welt geworden.

Das grundlegende Prinzip der minimalistischen Innenarchitektur ist "weniger ist mehr" und wurde von Stilen aus Häusern auf der ganzen Welt beeinflusst, vor allem von Einrichtungsstilen in Japan. Minimalistische Häuser sind frei von Unordnung und verwenden Farbe sparsam und in einem Block, anstatt beispielsweise gemusterte Tapeten oder Wandbilder zu verwenden.

Während im 20. Jahrhundert der Innenarchitektur Minimalismus galt, wurde die Architektur von Gebäuden schon in den 1920er Jahren minimalistisch gestaltet. Minimalistische Strukturen verwenden oft geometrische Formen wie Kuppeln und Dreiecke in ihrem Design und Materialien wie Glas und Stahl, um zu verhindern, dass Gebäude übermäßig das Auge stimulieren.

In der modernen Welt ist Minimalismus in den Designs der technologischen Geräte zu sehen, wie stromlinienförmige Laptops und Fernseher ohne sichtbare Tasten oder Bedienelemente. Während des letzten Jahrhunderts wurde der Minimalismus in irgendeiner Form in jeder visuellen Kultur übernommen.

Aber die Bewegung ist von da an gewachsen, und heute gibt es Menschen, die den Minimalismus nicht nur als ästhetische Ideologie betrachten, sondern als eine Art zu leben. Die Philosophie eines minimalistischen Lebensstils ist es, ohne all die Unwesentlichen im Leben zu leben, wie zum Beispiel übermäßige materielle Besitztümer und auffällige Autos und Häuser.

Nun, der minimalistische Lebensstil ist vielleicht nicht direkt aus den visuellen Kulturen entstanden, von denen wir gesprochen haben, aber die Ideale sind in erster Linie die gleichen und oft gehen die minimalistischen visuellen Kulturen mit einem minimalistischen Lebensstil als Ganzes einher. Manche Leute würden sagen, dass der Glaube ihres Minimalisten vorzugsweise von einem Zen oder buddhistischen Zugang zum Leben stammt, wobei die Bindung an materielle Besitztümer Hindernisse für wahres Glück ist.

Für andere war ein Übermaß an Besitz oder die Forderung nach Haushaltsrechnungen und Hausarbeiten schädlich für den Lebensstil, den sie wirklich wollten; Leben, die voller Reisen und einfacher Mobilität sind. Für diese Menschen fungieren materielle Besitztümer als Anker, um sie zu binden und zu verhindern, dass sie sich frei durch das Leben bewegen. Für andere wiederum ist ein minimalistisches Leben eine Schwester des grünen Lebens, wobei die wahre Absicht darin besteht, unseren Einfluss auf die Erde zu reduzieren, indem wir weniger auf Konsumgüter angewiesen sind.

Was ist Minimalismus?

Um herauszufinden, ob der minimalistische Lebensstil für dich ist, stelle dir diese kritischen Fragen:

- Würde ich ohne so viel materiellen Besitz leben können?

- Würde sich mein Leben verbessern, wenn ich weniger materielle Dinge besitze?

- Wie wirkt sich die Reduzierung der Unordnung in meinem physischen und mentalen Raum auf mich und meine Umgebung aus?

Wie du diese Fragen beantwortest, zeigt den Weg zu einem minimalistischen Lebensstil. Kann man in einer vom Einkauf besessenen, materialistischen Gesellschaft gut leben, glücklich sein und der Notwendigkeit widerstehen, Dinge zu kaufen, die man nicht braucht?

Ich würde ja sagen! Ich werde dir genau zeigen, wie. Du kannst das Leben genießen, inneren Frieden finden und ein erfülltes, glückliches Leben führen - mit weniger materiellen Dingen, weniger Gedanken-Wirrwarr und weniger schädlicher Energie.

Dieses Buch ist in mehrere Teile unterteilt, die verschiedene Bereiche des Lebens repräsentieren. Unter jedem Abschnitt findest du Kapitel oder Unterkategorien mit Ratschlägen in Bezug auf die jeweilige Region.

Um dir noch mehr zu helfen, haben wir einen Monat kleiner, aber sinnvoller Schritte zusammengestellt, um ein minimalistisches Leben zu führen. Sie sind alle einfache, einfache und mühelose Dinge, die du versuchen kannst, wenn dieser Lebensstil zu dir passt; Außerdem sind es Dinge, die viele minimalistische Menschen jeden Tag in allen Bereichen ihres Lebens tun.

Minimalismus ist eine achtsame Übung. Deshalb haben wir den Ausdruck "The Mindful Minimalist" geprägt. Es geht darum, dankbar zu sein für das was du besitzt, zu wissen, was du brauchst (was anders ist als das, was du willst) und es zu benutzen, um deinen Verstand zu klären, deine Beziehungen zu verbessern und zu gedeihen auf einfache Dinge, anstatt in Besitztümern zu ertrinken. Letztendlich geht es darum, glücklich zu sein mit wem du bist und was du jetzt hast.

Ich lade dich ein, dieses Buch zu lesen, den Rat anzuwenden, den du hier finden wirst und wie du das beste daraus machst.

Warum Minimalismus?

Jetzt, da wir den Hauptzweck des Minimalismus erklärt haben, ist du wahrscheinlich neugierig, warum du den minimalistischen Lebensstil wählen solltest. Du bist wahrscheinlich dazu geneigt, weitere Fragen zu stellen:

- Was bringt es meinen Liebsten und mir?

- Werde ich glücklicher sein, wenn ich mich dazu entscheide, ein Minimalist zu werden?

- Ist es nicht ein bisschen radikal, mein Leben plötzlich zu ändern und aus meiner Komfortzone herauszukommen?

- Kann ich mich daran gewöhnen, weniger auszugeben / weniger zu haben?

Lasse uns versuchen, sie für dich zu beantworten.

Minimalismus lebt nicht in einer sterilen, dumpfen, monotonen Umgebung. In der Tat ist es das Gegenteil. Die Art, wie du dein minimalistisches Leben erschaffst, hängt ganz von deinen Prioritäten ab. Die grundlegende Philosophie hinter dem Minimalismus ist es, mehr finanzielle, emotionale, materielle und physische Klarheit und Freiheit zu bringen. Wenn du Platz für die wirklich relevanten Dinge und Menschen in deinem Leben nimmst, werden auch alle anderen Bereiche folgen.

Menschen, die mit dem minimalistischen Lebensstil nicht vertraut sind, können es manchmal als radikal oder als Randgruppe betrachten. Aber sobald du realisierst und dir bewusst wirst, dass du keine überflüssigen materiellen Dinge brauchst, um dich erfüllt und glücklich zu machen, ist es nicht einmal annähernd radikal. Es ist die Einfachheit. Es ist die Fähigkeit, ein einfaches Leben zu führen und Sinn und Freude in den Dingen zu finden, die du priorisierst.

Manche Menschen begrüßen Veränderungen, und ihr Übergang zu einem minimalistischen Lebensstil ist einfach und sie gewöhnen sich schnell daran. Es gibt auch Menschen, deren Anpassung an Veränderungen Zeit und Mühe erfordert. Also, die Antwort auf diese Frage ist etwas, was du nach deiner Persönlichkeit schätzen solltest. Wenn dieser Lebensstil zu dir passt und du dich dadurch leichter und besser fühlst, wirst du dich daran gewöhnen und es genießen.

Hier sind einige der wichtigsten Gründe für den Minimalismus:

•Du wirst nicht länger dein Eigentum besitzen. Stattdessen wirst du lernen, auszuwählen, welche notwendig und wichtig sind und welche nur ein Durcheinander erzeugen;

● Du wirst ein Gefühl der Freiheit und Befreiung von den Zwängen des "modernen" Lebens bekommen. Du wirst verstehen, dass der Erfolg von innen kommt - von deinem Gefühl der Erfüllung und nicht von einem riesigen Zuhause, mehreren Autos, bequemen Kleidern und Schmuck oder sozialem Status.

● Du wirst weniger Geld ausgeben. Und das ist eine gute Sache. Weniger auf Dinge zu verzichten, die du nicht brauchst, bedeutet, dass du nur für Dinge, die du brauchst, bezahlst. Und das nennt man finanzielle Freiheit.

● Du wirst dich produktiver fühlen. Entstauung deines Geistes, deines Lebens und Heims sowie dein Arbeitsplatz können wesentlich zur Produktivität beitragen. Die ganze Energie, die mit einem überfüllten Platz kommt, wird verschwinden und ein neuer, frischer wird an seine Stelle treten. Es bringt dir Positivität, frische Ideen und ein Gefühl von Offenheit und Willenskraft.

● Du wirst lernen, dich nicht emotional an materielle Objekte zu binden. Nutze stattdessen diese Energie, um dich mit den Menschen der Liebe zu verbinden. Das ist viel besser als alles, was du kaufen kannst.

• Die Reduktion ist das Schlüsselwort bei der Einführung eines minimalistischen Lebensstils. Erwarte, die Anzahl der Gegenstände, die du und deine Familie besitzen, deutlich zu reduzieren. Das sind Dinge, die nicht überlebensnotwendig sind - meistens; Es sind Dinge, die du als Kaufimpulse gekauft hast, Dinge, die du "nur für den Fall" bei dir hast, Dinge, die du in großen Mengen kaufst, so dass du nie aus etwas herauskommst und im Grunde alles andere. Dies schafft Raum für Luft, Energie und wesentliche Elemente.

• Du wirst mehr Zeit haben, um deinem Hobby, deiner Familie und Gesundheit zu widmen. Dies ist einer der besten Vorteile des minimalistischen Lebensstils - deine Zeit wird von den Dingen und Menschen der Liebe besetzt sein, anstatt dich zu bemühen, mehr Dinge zu kaufen, die du nicht brauchst. Objekte können nicht zurück lieben - nur Menschen können das.

• Der minimalistische Lebensstil bringt unweigerlich Frieden. Manche Menschen fürchten sich vor der Zukunft, weil sie Angst haben, dass sie nicht glücklich sind, wenn sie etwas nicht haben, sie werden leiden, oder sie werden unglücklich werden. Minimalismus ist keine Armut. Es ist nur ein einfaches Leben. Geld auf der Bank ist immer besser als kein Geld und viel Besitz.

• Minimalismus beschränkt nicht Dinge. Es lehrt nur, dass du wesentlich mehr einkaufst. Wenn du weniger (oder gar nicht) an unwürdigen Gegenständen ausgist, dann habst du mehr Geld für Dinge, die Wert und positive Veränderungen in dein Leben bringen.

Wenn alle Vorteile kombiniert werden, ist das Ergebnis ein glücklicheres, erfüllteres und bedeutungsvolleres Leben. Zusammenfassend ist die Gesamtphilosophie des Minimalismus, sich dem eigenen Leben zu nähern und über die physischen Dinge nachzudenken, die du besitzt. Sind die materiellen Eigenschaften, die du in deinem Leben hast, dazu befähigt, deine Träume zu leben oder beschränken sie deine Zeit und Energie? Ist die Wartung, Organisation und Aufbewahrung deiner Gegenstände länger oder kürzer? Lässt du dich von der minimalistischen Philosophie inspirieren auf dieser Reise, mehr zu sein und weniger zu haben.

Die Umwandlung deines heutigen Lebens in einen minimalistischen Lebensstil kann etwas entmutigend wirken. Dies liegt daran, dass du kurz davor stehst, die Gewohnheiten, den Konsum, die Finanzen und das allgemeine Leben entscheidend zu verändern. Obwohl du weißt, dass dieser Unterschied zum Besseren ist, hast du immer noch Angst davor, wie es ausgehen wird.

Angst vor der Zukunft und wie sich dein Leben entfalten wird, ist normal. du denkst du wirst weniger haben, wenn du tatsächlich genug hast. Wenn du den minimalistischen Lebensstil nie selbst erlebt hast, ist dies wahrscheinlich dein Hauptanliegen.

Um ein minimalistisches Leben aufzubauen, musst du zuerst wie ein minimalistischer Mensch denken. Um dies zu tun, musst du deine Denkweise, deine Ambitionen, Emotionen und Wünsche vereinfachen. Entwirre deinen Geist, um Platz für neue, positive Gedanken zu schaffen und Denkweisen zu stärken. Dann kannst du weitermachen und dein minimalistisches Heim, Raumdekor, Essen, Arbeit usw. planen.

Dein Geist schafft dein Leben. Es begründet die "Bedürfnisse" und die "Wünsche", und es führt zur Leistung. Ich bin mir sicher, dass du bei der Lektüre dieses Buches entweder gedacht hast oder denken wirst, du könntest niemals auf etwas verzichten. Weil du so emotional an sie gebunden bist und du die schöne

Erinnerung, an die diese Objekte dich erinnern, nicht verlieren willst.

Es gibt eine sehr einfache Offenbarung hinter dieser Philosophie: Erinnerungen werden in deinem Geist geformt und bleiben für immer in deinem Herzen. du beschließt, sie mit Objekten zu verbinden, und wenn der Zweck nicht vorhanden ist, fürchtest du, dass die Erinnerung verblassen wird. Ängste, wie Grenzen, sind oft nur eine Illusion. Die Realität ist, dass dein Gedächtnis in der Lage ist, die Erinnerung so lange am Leben zu halten, wie du es willst. Dies ist der genaue Grund, warum Menschen so viel Zeug halten - es ist ihr Schatz voller Erlebnisse, die ihnen wichtig sind.

Wenn du immer noch nicht überzeugt bist, haben wir einen minimalistischen Hack für dich. Wenn du einen Gegenstand hast, der keinen praktischen Nutzen hat, aber eine wertvolle Erinnerung birgt, versuche dies: Mach ein Bild von dem Ding, und du kannst es dir jederzeit ansehen, ohne es zu beanspruchen.

Also, wenn du denkst, du könntest niemals im Fernsehen aufgeben, dein Auto, dein zu viel-Schlafzimmer-Haus, dein Kleiderschrank voller Klamotten und Schuhe, dein Lieblings-Junk-Food und mehr - denk nochmal nach. Dein

Geist kann sich anpassen und alles übernehmen - in diesem Fall, der minimalistische Lebensstil, der dir mehr positive Veränderungen bringen wird als dein jetziges Leben.

Was folgt, sind einige einfache Schritte, Tipps und Tricks, um eine minimalistische Denkweise aufzubauen:

- Erkenne und wähle deine Bedürfnisse. Oft unterscheiden Menschen nicht zwischen dem, was sie brauchen und was sie wollen. Dies gilt für materielle Dinge. Zum Beispiel brauchen wir kein neues Gerät - wir wollen es nur, weil wir denken, es wird unser Leben einfacher machen. Wir brauchen nicht unbedingt 2-3 Autos - wir wollen sie nur aus dem gleichen Grund. Die Liste geht weiter Wie viele Schränke, Speisekammer und Thekenplätze belegen alle deine Instrumente? Viele Maschinen werden nicht oft genug benutzt, um das Leben zu erleichtern. Obwohl eine Vorrichtung anfänglich eine Kochaufgabe beschleunigen kann, muss die Zeit gezählt werden, die benötigt wird, um die Vorrichtung nach der Funktion zu reinigen und wieder zusammenzusetzen.

- Beseitige die "Just-in-Case" -Mentalität. Ein großer Teil des Durcheinanders in unseren Häusern kommt vom Horten von Gegenständen, die wir nicht sofort brauchen; Vielmehr denken wir, wir könnten sie in einer hypothetischen Zukunft brauchen. Wir behalten diese Gegenstände "nur für den Fall" in der Befürchtung, dass wir ohne sie nicht überleben werden. Beispiele für "nur für den Fall" Elemente die zu beseitigen sind, sind all diese zusätzlichen Weidenkörbe und verschiedene Handwerksgegenstände. Eine andere Möglichkeit, "nur für den Fall" Gegenstände zu definieren, wären nicht essentielle Gegenstände (Beispiele: Weidenkörbe, verschiedene Basteleien, unpraktische Schuhe oder Stapel von Bleistiften). Vergleiche dies mit wichtigen Dingen wie Feuerlöscher oder Erste-Hilfe-Kits.

• Nimm deine Zeit. Ein Minimalist zu werden ist eine massive Veränderung und es passiert nicht über Nacht. Allmählich wirst du anfangen zu erkennen, wie dieser Lebensstil funktioniert und deine Erwartungen anpassen. Für einige Leute könnte es in ein paar Wochen passieren; für einige - einen Monat oder zwei und andere - könnte es länger dauern. Habe Vertrauen, behalte deine Ziele im Auge, und alles wird sich einfügen.

- Trainieren. Der Anfang mag hart sein, vor allem, wenn du nicht schon einmal versucht hast, minimalistisch zu leben. Der Schlüssel zu einem erfolgreichen Übergang ist das Üben. Fange klein an. Beseitige Dinge, die du seit Jahren nicht mehr benutzt hast (besonders drei Jahre oder länger); putze die Garage; deine Speisekammer usw. Mit etwas Übung wirst du lernen, Objekte auszuwählen und sie als essentiell oder unwesentlich einzustufen.

- Mache eine Liste von Vor- und Nachteilen. Sei ehrlich, objektiv und betrachte die Frage so, als ob sie nicht dein eigenes wäre. Dies kann wesentlich dabei helfen.

- Ein neuer achtsamer Minimalist zu sein, braucht Zeit und Geduld. Durch diesen Prozess wirst du anfangen, Menschen mehr zu schätzen und weniger Objekte und ein Leben wie nie zuvor führen. Du wirst dich freier fühlen, da du nur all diese nicht wesentlichen Dinge, die dich belasten, loslassen kannst.

Warum einfaches Leben wichtig ist

Als Menschen gibt es wesentliche Dinge, die wir zum überleben benötigen. Wir brauchen Kleidung, um uns warm zu halten. Wir brauchen Nahrung, um unseren Körper zu ernähren. Wir bauen Häuser zum Schutz.

Und dann gibt es Dinge, die es nicht im Leben für Erholung und Konsum git.

Heute jedoch wollen die meisten von uns Dinge, die vorher nicht existierten. Diese Dinge könnten Freude und Zufriedenheit oder unnötige Obsessivität und Sucht bringen. Das Internet hat uns unbegrenzte Informationen über die Welt um uns herum gebracht. Wenn du sofortigen Zugriff auf Filme willst, hast du Netflix. Anstatt Musikalben zu sammeln, kannst du Hunderte über iTunes herunterladen. Wenn du schlau aussehen wolltest, könnte ein digitales Bücherregal literarischer Klassiker für dich wirken.

Wir können mit Menschen trotz großer Entfernungen sprechen. Wir können unsere Arbeit überall hin mitnehmen. Dank der vielen Apps, die alles können, kann du auf mehreren Bildschirmen gleichzeitig an mehreren Dingen arbeiten. Leben und Arbeiten werden effizienter, schneller und praktischer.

Aber der Fortschritt hat seine Vor- und Nachteile. Wir werden von Anzeigen bombardiert, die unser Verlangen nach materiellem Besitz umformen. Wir wollen größere Häuser, schnellere Autos, fortschrittlichere Technologie, modische Kleidung, teure Küchen und mehr.

Verbrauch ist notwendig, aber nicht im Übermaß. Viele von uns arbeiten härter für Dinge, die wir später vielleicht nicht unbedingt wollen. Zu viele Dinge zu besitzen, behindert nicht nur unsere Bewegungen, sondern auch wesentliche Prioritäten. Diese Prioritäten bleiben zurück, bis wir später verstehen, dass wir so viel Zeit verloren haben, um Dinge zu verfolgen, die wir nicht brauchen.

Und aufgrund der technologischen Fortschritte wird von uns erwartet, dass wir mehr arbeiten, da alles fast automatisiert ist. Dies führt zur Gewohnheit des Multitaskings. Es hilft auch nicht, dass die aktuelle Sucht nach Bildschirmen die meisten von uns dazu bringt, weniger Schlafstunden, mehr Stress und ungesunde Gewohnheiten zu haben.

Fühlst du dich wie einer der oben genannten Leute? Arbeitest du hart, aber fühlst dich so als ob du nicht viel erreichen tust? Ist dir klar, dass viele deiner Besitztümer zu viel Geld, Zeit, Energie und Fokus stehlen?

Das kann alles geändert werden, aber du musst dich vom Denken über dein geistiges Entrinden und dein Denken lösen. Der erste Schritt, um dies zu erreichen, ist mehr Platz zu haben, um sich zu bewegen und den Kopf frei zu bekommen. Du musst in einer Umgebung sein, in der du nicht immer gestresst bist, weil du zu viele Dinge zu tun hast, oder weil du nicht genug Zeit hast, an deinen Zielen zu arbeiten und mit den Menschen zusammen zu sein, die du liebst.

Ich glaube, du wirst mir zustimmen, wenn ich sage, dass die meisten von uns ein angenehmes und ausgeglichenes Leben führen wollen. Wir alle wollen Platz und genug Zeit, um zu reflektieren und zu entscheiden, wie wir jede Stunde an einem Tag und in unserer Zukunft verbringen wollen. Diese Notwendigkeit der Reflexion ist etwas, was unserem modernen Leben gefehlt hat. Wir müssen uns zurückziehen, um zu erkennen, was für uns wichtig ist.

Und all dies kann durch Anwendung des Minimalismuskonzepts erreicht werden

Kapitel 2:
Der minimalistische Mindset

Der Minimalismus spricht den Wunsch nach einem einfacheren Leben an - ein ungetrübtes und unbelebtes Leben voller Sinn und Freude. Dies ist ein gesunder Wunsch und die Verfolgung kann zu vielen Vorteilen führen. Wer will keine Klarheit des Geistes, finanzielle Freiheit, Zufriedenheit, ein glückliches Zuhause und eine bessere Gesundheit, um nur einige zu nennen?

Das Warum des Minimalismus

Es ist wichtig zu wissen, warum du Minimalismus verfolgen willst. Einen festen Griff in Richtung minimalistisch zu haben, wird eine stetige Quelle von Kraftstoff für deine Motivation sein, eins zu sein. Dies gilt sowohl für diejenigen, die gerade erst damit beginnen, als auch für diejenigen, die schon eine Weile hinter ihnen her sind. Und wenn du ein minimalistisches Leben erlebst, wirst du wahrscheinlich neue Gründe dafür finden, minimalistisch zu sein. Zuerst möchte ich dir sagen, was ich unter Minimalismus verstehe.

Was genau ist Minimalismus?

Minimalismus ist ein Handel

Wenn ich über Minimalismus nachdenke, denke ich nicht darüber nach, was ich aufgeben muss. Es geht nicht darum, die Anzahl der Dinge, die ich behalten kann, zu begrenzen. Stattdessen geht es darum, was ich trade. Auf etwas zu verzichten, bedeutet immer, zu handeln.

Wenn wir unsere überschüssigen Besitztümer ablegen, machen wir Platz für etwas Besseres. Alles hat seine Kosten. Wenn wir zu einer Sache ja sagen, sagen wir nein zur nächsten. Ein minimalistisches Leben bedeutet, ein Leben voller Unordnung, Geschäftigkeit und Lärm für ein Leben voller Sinn, Verbindung und Ziel zu führen.

Minimalismus lebt mit Absicht

Wenn du die Philosophie des Minimalismus auf jeden Teil deines Lebens anwendest, übst du Intentionalität. Du stellst dir Fragen wie: Brauche ich das? Wird mir das Freude bringen? Wächst dadurch mein Charakter? Wenn wir uns unserem Tag mit der Absicht nähern, zu entdecken, was Glück und Zufriedenheit bringt, wird jede nachfolgende Handlung durch diese Linse des bewussten Zwecks gefiltert.

Minimalismus ist Bewusstsein

Wenn du Minimalismus und Intentionalität auf dein Leben anwendest, beginnst du zu bemerken, wie die kraftvollen Botschaften unserer Kultur deine vergangenen und gegenwärtigen Entscheidungen beeinflusst haben.

Du fragst vielleicht nach dem Wert dessen, was du mit nach Hause gebracht hast, die Arbeit, die du gewählt hast, und sogar die Art und Weise, wie du dich mit anderen Leuten verbindest. Verbringst du alles, was du an Zeit, Energie und Geld für Besitz, Arbeit und Beziehungen hast, und sehnst dich immer noch nach mehr? Geh zurück zu weniger, um mehr von dem zu finden, wonach du bist.

Minimalismus ist Freiheit

Ob wir es mögen oder nicht, wir Menschen neigen dazu, die Dinge komplizierter zu machen, als sie sein müssen. Wir vergleichen unser Leben mit denen um uns herum und beginnen zu denken, wir sollten haben, was sie haben, tun, was sie tun, und mehr wie sie sein. Minimalismus hilft dir dich von niemandem um dich herum zu befreien. Es ermöglicht sir herauszufinden, was für dich und deine Familie mehr zählt. Es verschiebt den Fokus von dem, was alle anderen haben, tun oder haben, was du erfüllt. Wir können uns auf das konzentrieren, was zählt, wenn wir weniger von all dem Lärm und der Unordnung um uns herum abgelenkt werden.

Die steigenden Kosten von überschüssigem Zeug

Ich lade dich ein, für eine Minute über dein Zeug nachzudenken. Denke über die Dinge nach, die du besitzt, aber nicht verwenden und vielleicht nicht einmal jetzt mögen. Fragst du dich, ob es einige Dinge gibt, die du vergessen hast. Wie viel Zeit hast du damit verbracht, dich um Dinge zu kümmern? Wie Henry David Thoreau sagte: "Der Preis von irgendetwas ist die Menge des Lebens dein Austausch dafür."

Wir verbringen viel Zeit mit unseren persönlichen Sachen. Wir lagern sie ein, säubern sie, finden sie, reparieren sie, fragen uns, ob sie es wert sind, repariert zu werden, ersetzen sie, fragest dich, welches Modell du ersetzen sollst, über welche Accessoires du verfügst und suchst nach dem besten Angebot für dich. Wie du sehen kannst, nehmen persönliche Gegenstände nicht nur physischen Raum, sondern auch geistige Energie auf.

Stellen wir uns der Tatsache, dass unsere tieferen, tieferen Wünsche und Ziele nicht durch mehr materielle Güter und einen vollgestopften Kalender erfüllt werden. Wir werden wahrscheinlich die abnehmenden Renditen in diesem verrückten Streben nach mehr Ausgaben für unsere begrenzten Ressourcen an Zeit, Energie und Geld für Häuser, die überfüllt sind mit Dingen und Terminen, die von Verpflichtungen überschwemmt sind, sehen, nur um mehr zu wollen. Unsere überfüllten Kalender vergrößern die Kosten für unser Lieblingsmaterial. Je geschäftiger wir sind, desto weniger Zeit müssen wir uns um alles kümmern.

Es gibt greifbare Kosten für unsere Sachen, wie Geld und Platz, aber die höheren Preise sind psychologisch. In der heutigen Kultur sind materielle Güter zu Ersatz für tiefe und sinnvolle Verbindungen geworden. Wir bemühen uns, Besitz und geschäftigen Kalender zu erwerben, und ignorieren dann die Dinge, die uns dauerhafte Erfüllung und Freude geben: persönliches Wachstum, Beitrag zu anderen, Großzügigkeit und gesunde Beziehungen.

Die tatsächlichen Kosten unserer überschüssigen Dinge und chaotischen Leben reichen weit über ein Preisschild und einen vollen Kalender hinaus. Unser übermäßiger Konsum bringt uns und die Menschen, die wir sein wollen, um. Ich ermutige dich, die Vorteile des Entfernens von Dingen, die du nicht brauchst, nie zu unterschätzen.

Kapitl 3:
Bedeutung des Minimalismus

Je weniger wir physisch und psychisch auf unserem Teller haben, desto mehr Energie und Dankbarkeit können wir für das Leben haben, das wir wollen und das Leben, das wir haben! Wenn die Leute über die Vorteile des Minimalismus nachdenken, denken sie oft nur an das anfängliche Interesse, wie ein aufgeräumtes Zuhause. Aber es gibt lebensverändernde Vorteile, die du gewinnen kannst, wenn du die anfängliche Reinigung verlässt. Es ist nicht nur ein einfaches, sauberes Zuhause, nach dem wir suchen. Wir handeln mit unserem überschüssigen Zeug für Dinge, auf die wir zurückblicken werden, und wünschen uns, dass wir mehr davon hätten, wie die Zeit, die wir für unsere Leidenschaften und Absichten und für Beziehungen, die eine positive Transformation bringen, ausgegeben haben.

Der Minimalismus leitet endliche Ressourcen von Aufmerksamkeit, Zeit, Energie und Geld dazu, mehr von dem zu werden, was am wichtigsten ist. Mit diesem grundlegenden Nutzen bist du besser in der Lage, die bewusste Entscheidung zu treffen und zu tun, auf wen du vorbereitet bist und was du tun musst. Dieser Vorteil ist nicht nur für einige Personen, die die Freiheit haben, drastische Veränderungen in ihrem Leben zu machen. Wir alle - auch du und deine Familie - werden davon profitieren.

1. Weniger Stress and Angst

Unser überschüssiges Zeug beeinflusst höchstwahrscheinlich das Stressniveau unserer Kinder. Die überschüssigen visuellen Reize sind auch eine Ablenkung für sie. Um weniger zu kümmern bedeutet weniger zu stressen, und dies kann uns helfen, mehr Klarheit im Kopf zu finden. Sobald der anfängliche Dopamin-Rausch von etwas weg ist, wird Unordnung ein konstanter Brain Drain. Mithilfe von MRTs und anderen diagnostischen Werkzeugen hat die Forschung herausgefunden, dass Verwirrung die Fähigkeit unseres Gehirns beeinträchtigt, sich zu konzentrieren und Informationen zu verarbeiten.

Es ist möglich, mehr Klarheit im Geist zu finden, wenn wir die Ablenkungen beseitigen, die mit dem Halten von mehr, als wir brauchen, und dem Versuch, jemand zu sein, der wir nicht sind, zu beseitigen. Nur einen Anfang auf diesem Weg zu machen, kann deinem Verstand mehr Bandbreite geben, mit der du dich auf das konzentrieren kannst, was in deinem Leben am wichtigsten ist.

2. Stärkere Beziehungen

Menschen müssen sich mit anderen Menschen verbinden - wir wollen nicht einsam sein.

Ein minimalistisches Zuhause und ein minimaler Lebensstil helfen uns dabei, den Fokus auf die Menschen zu legen, anstatt auf die Dinge, die sie haben. Es gibt mehr Energie und Raum für die Entfaltung von Menschen und Beziehungen.

Wir bauen keine befriedigenden Verbindungen um Besitztümer herum - nicht einmal gemeinsame Eigenschaften. Es werden Links zu gemeinsamen Erfahrungen eingerichtet. Ich sage nicht, dass Territorien nichts mit unseren Beziehungen zu tun haben. Aber wenn wir eine Menge unserer endlichen Zeit und Energie auf Eigenschaften verwenden, verbringen wir viel Zeit damit, uns mit unseren Sachen und unseren Zeitplänen zu verbinden, als mit anderen Menschen. Minimalismus trifft eine bewusste Entscheidung, Dinge zu benutzen und Menschen zu lieben, weil das Gegenteil uns nicht die Verbindungen bringt, nach denen wir uns sehnen.

3. Gesunde Grenzen

Der Minimalismus hilft dir, gesunde Grenzen zu setzen, indem er dir die Klarheit gibt, all die Dinge zu sehen, auf die sich deine Räder drehen. Das Zurücksetzen der Grenzen, um sich an den Prioritäten auszurichten, ist ein fortlaufender Prozess in einem minimalistischen Lebensstil, aber es ist keine unwillkommene Pflicht. Die Belohnungen für mehr Sein und weniger Streben ermutigen mich, diese Reise fortzusetzen. Wenn ich mein Leben nicht prioritisiere, wird jemand oder etwas anderes zur Priotität.

4. Mehr Zeit

Mehr als wir brauchen, sei es Besitz oder Aktivitäten, bringt einen Nebel in unser tägliches Leben, der es schwerer macht, klar zu denken. Unter dem Einfluss von Unordnung können wir unterschätzen, wie viel Zeit wir den weniger kritischen Dingen geben. Minimalismus hilft dir zu sehen, wie du deine Zeit verbringst und klarer darüber zu denken, wie du es nutzen möchtest.

Wir haben Lücken in unserer Familie gefunden, seit wir begonnen haben, Minimalismus zu üben. Das bedeutet, dass wir nicht im Land leben, in dem wir zwischen einer

Aktivität und einer anderen hin und her eilen. Minimalismus hat uns geholfen, die Handlungen zu identifizieren, sogar die vollkommen guten Geschäfte, die uns von besseren Dingen wegführen. Wir fühlen uns nicht mehr in der Lage, an allen Sport- und Bereicherungstätigkeiten teilzunehmen, von denen unsere Kinder profitieren könnten. Denken daran, das ist eine gute Sache.

5. Weniger Stress über Finances

Finanzieller Minimalismus hat uns die Freiheit gegeben, mit denen zu teilen, die viel mehr von unserem Exzess profitieren, als wir es jemals tun werden. Aber wir verschenken nicht nur Geld oder Dinge, die wir nicht so dringend benötigen wie andere. Wir geben Geld und Besitztümer auf, die wir nicht brauchen. Wir brauchen es nicht nur nicht, aber dieses Übermaß ist auch nur eine Ablenkung und kostet uns im schlimmsten Fall mehr, als es zu verschenken!

6. Ein stromlinienförmiges Zuhause

Stelle dir vor, ein Haus zu haben, das mit nichts gefüllt ist, was deinem Leben mehr Wert verleiht. Wenn du dich aus dem Staub machst, wirst du eher wissen, was du in deinem

Haus hast. Findest du, was du brauchst, wenn du es brauchst, wird es zu einer leichter zu bewältigenden Aufgabe, wenn du überladene Gewohnheiten entwickelst. Weniger Frustration bedeutet weniger Stress. Wie viele andere Menschen strebe ich danach, in einem sauberen und übersichtlichen Zuhause zu leben, möchte aber nicht meine ganze Freizeit damit verbringen, es zu putzen. Mit weniger Material, das unsere Böden, Möbel und Küchentheken bedeckt, konnte ich meine Reinigungszeit halbieren. Weniger Zeit für die Reinigung ist mehr Zeit, um etwas zu tun, was uns mehr Spaß macht.

7. Umweltfreundlich

Wir verschwenden weniger, wenn wir weniger kaufen, und das ist gut für unseren Planeten. Für den durchschnittlichen Amerikaner ist Kleidung billig und leicht verfügbar. Ein Ergebnis davon ist, dass der durchschnittliche Amerikaner pro Jahr 82 Pfund Textilabfälle produziert. Obwohl ich einen Deal so sehr liebe wie alle anderen, habe ich keine Lust mehr auf unnötige Kleidung bei meinem lokalen Supermarkt.

Minimalismus hat unserer Familie geholfen, Schritte in Richtung Null-Abfall-Lebensstil zu unternehmen. Nur weil wir noch eine wöchentliche Müllabfuhr brauchen, können wir nicht oder nicht weiter Maßnahmen ergreifen, um unsere Abfallproduktion zu reduzieren. Wenn möglich, wählen wir Produkte, die lebenslang verwendet werden können. Zum Beispiel haben wir unsere Kunststoffflaschen zugunsten von Edelstahlflaschen weggeworfen. Da wir jede unsere Wasserflasche haben und benutzen, halten wir Plastik von den Deponien und haben weniger Geschirr, den wir jeden Tag waschen müssen. Ökologischer Minimalismus hilft, umweltfreundliche Entscheidungen zu treffen, wie nachhaltige und recycelbare Kosmetikprodukte zu wählen, Dein-Katalog-Abonnements zu kündigen, elektronische Medien für Bücher, Zeitschriften und Zeitungen zu wählen, Online-Banking und digitale Aufzeichnungen, Fahrgemeinschaften oder den öffentlichen Nahverkehr zu nutzen und eine begrenzende Duschezeit.

Ein minimalistisches Haus produziert weniger Abfall, was gut für unseren Planeten ist und wir leben schließlich auf ihm.

8. Tieferes spirituelles Leben

Viele von uns begeben sich auf eine Glaubensreise, um zu entdecken, was wir wirklich brauchen und für wen wir bestimmt sind. Eine spirituelle Reise kann unterbrochen werden, wenn man zu viel hat und zu wenig hat. Minimalismus fördert Wachstum und Entdeckung von wem wir erwartet werden. Geschäftigkeit gibt uns wahrscheinlich einen falschen Sinn für Ziel und der Materialismus wird uns ein falsches Gefühl geben, gesegnet zu sein. Wir können es nicht als Materialismus bezeichnen, wenn wir unsere Bilder und Geschichten mit dem Hashtag #blessed auf Facebook, Twitter oder Instagram posten - wir möchten wahrscheinlich unseren Dank ausdrücken und unsere Glücksmomente hervorheben. Aber wir können unsere Wertschätzung und Zufriedenheit zeigen, indem wir jemandem, der es braucht, das geben, was wir nicht brauchen. Wir können unseren wirklichen Zweck verfolgen und teilen, wenn wir Nein zu Verpflichtungen sagen, die uns nicht dienen.

9. Freiheit

Letztendlich gibt Minimalismus dir Freiheit. Freiheit von Konsum, Verschuldung und Sorge um deinen Besitz. Freiheit vom Gewicht sentimentaler Gegenstände. Freiheit von der Schuld, Dinge zu bewahren, die nicht mehr dienen. Freiheit vom Festhalten an deinem Fantasieselbst und vom Messen bis zu unrealistischen Erwartungen. Freiheit, sich zu entspannen und darüber nachzudenken, worüber du nachdenken möchtest. Freiheit, zu zusätzlichen Verpflichtungen nein zu sagen und bessere Beziehungen zu Familie, Freunden und Nachbarn zu knüpfen. Darum geht es beim Minimalismus.

Kapitel 4:
Wie man ein einfaches, minimalistisches Leben lebt

Die meisten Menschen denken, dass sie viele Besitztümer ansammeln können und trotzdem in der Lage sind, die Träume zu leben, die sie haben. Aber das Problem ist, dass dies nicht wahr ist. Dinge werden nur in der Art, ein Leben leben zu können, wo du frei bist, das zu tun, was du willst und frei zu tun, wie es dir gefällt. Du musst verstehen, wenn du ein Leben in Freiheit lebst, dann wirst du dir die Zeit nehmen müssen zu schauen, wie die Dinge, die du besitzt, dich zurückhalten. Sobald du zu dieser Erkenntnis kommst, wirst du in der Lage sein, die Dinge loszuwerden, die genau das tun. Dann wirst du in der Lage sein, mehr Zeit mit den Dingen zu verbringen, die für dich wichtig sind.

Das erste, was du tun musst, ist, alles, was du besitzt, genau zu betrachten und zu untersuchen, was erforderlich ist und was nicht. Du musst sehen, welche Artikel regelmäßig verwendet werden und welche selten, wenn überhaupt verwendet werden. Sobald du dies getan hast, sollst du alle Gegenstände, die du nicht verwendest, wegwerfen, spenden oder verkaufen und all die Dinge behalten, die du regelmäßig benutzt. Dies ist der erste und wichtigste Schritt auf dem Weg zum gewünschten Leben.

Als nächstes musst du sicherstellen, dass du kein Chaos mehr in dein Zuhause bringst. Das bedeutet, dass du dich von Orten fernhältst, an denen du normalerweise Dinge kaufst, wie ein Einkaufszentrum. Wenn du einen Artikel kaufen musst, kaufe ihn erst, wenn du siehst, dass du ihn regelmäßig benutzen wirst. Wie auch immer, du wirst sehen, dass die meisten Dinge, die du für Notwendigkeiten hältst, nur Spontankäufe waren, die dazu geführt hätten, dass mehr Mist in dein Heim gekommen wäre. Das ist alles, was ein einfacheres minimalistisches Leben führt.

Konzentriere dich

Bevor du dich auf eine neue Reise begibst, ist es wichtig, klar und deutlich zu sehen, was du machst. Du willst genau wissen, warum du ein neues Abenteuer oder einen neuen Weg eingibst und was dieser Lebensstil für dich bedeutet. Sich zu konzentrieren, gibt dir die Möglichkeit, vollständig zu verstehen, was deine Motive und Absichten sind und warum du verpflichtet bleiben solltest, wenn die Dinge schwierig werden, was sie immer an einem oder dem anderen Punkt tun.

Mit Minimalismus sollte du verstehen, dass der Lebensstil mehr ist, als nur ein Leben frei von physischem Durcheinander zu leben. Es geht auch darum, ein Leben frei von mentalem, emotionalem und nicht-physischem Durcheinander zu führen. Du musst lernen, dich auf das zu konzentrieren, was du willst, und aufhörst, auf Dingen zu leben, die dir nicht dienen und keinen Sinn in deinem Leben haben. Du kannst das tun, indem du dich konzentrierst und klar darüber bleibst, was deine Ziele sind.

Am Anfang könnte das Fokussieren sehr einfach sein. Es gibt normalerweise zwei Gründe, warum jemand ein Minimalist werden möchte: Entweder können sie es nicht länger ertragen, sich mit Unordnung herumzuschauen, oder sie können nicht alle Beschränkungen ihrer Zeit einhalten. Weil beides Stress und Unbehagen mit sich bringt, sind die Menschen dazu getrieben, ihr Leben zu verändern. Es kann jedoch leicht sein, die Änderungen zu stoppen, sobald du einen Ort des Komforts erreicht hast. Oder du willst vielleicht nicht anfangen, weil du erkennst, dass jeder Unterschied weniger bequem ist als das, was du bereits tust. Schließlich bleiben wir in einem Lebensstil, der für uns am angenehmsten ist.

Es ist wichtig, dass du lernst, dass Konzentration und Entschlossenheit konstant sind. Der Fokus ist ein Balanceakt, auf den du regelmäßig hinarbeiten musst. Je mehr du darauf hinarbeitest, desto mehr Erfolg wirst du damit haben. Die folgenden Tipps werden dir dabei helfen, dich auf deinen Weg zu fokussieren und ihn klar zu machen, und dabei lernen, deinen Fokus auf dem Weg neu zu zentrieren. Du wirst durch ein paar Journalübungen geführt, die dir eine hervorragende Gelegenheit geben, klar zu werden und dir etwas zu geben, auf das du dich beziehen kannst, wenn es schwierig wird. Diese Aktivitäten sind wesentlich für den Erfolg, daher ist es eine gute Idee, die Zeit in die Fertigstellung zu investieren.

Entrümplungsmethoden

Entrümpeln ist wichtig, um einen minimalistischen Lebensstil zu beginnen. Es mag eine Schande sein, vollkommen gute Gegenstände loszuwerden, aber es gibt mehrere Möglichkeiten, das Entwirren zu rechtfertigen, damit du dich nicht schuldig fühlst. Du brauchst keine Bedenken, Dinge wegzuwerfen, die abgenutzt, fleckig oder für niemanden mehr nützlich sind. Einige von deinem Qualitätszeug können an Leute weitergegeben werden, die du kennst. Wenn ein Freund oft bemerkt hat, dass er eine bestimmte Figur liebt, etwas, das du als nicht so wichtig siehst, gib es ihm, damit er es genießen kann.

Du kannst auch Gegenstände spenden. Das Rote Kreutz und andere gemeinnützige Organisationen erhalten Spenden und akzeptieren fast alles. Ein Habitat for Humanity ReStore freut sich, gebrauchte Haushaltsarmaturen zu entsorgen.

Du kannst immer einen Flohmarkt halten und ein bisschen Geld verdienen, während du Dinge loswirst, die du nicht brauchst.Du kannst dabei die Nachbarn kennenlernen. Du kannst immer etwas weggeben oder wegwerfen. Du wirst überrascht sein, was die Leute machen werden, wenn es frei ist. Einige gemeinnützige Organisationen werden sogar ihre unverkauften Gegenstände in ihren Secondhand-Läden abholen.

Es stehen mehrere Methoden zur Verfügung, um das Deklinieren zu erleichtern. Ich schlage vor, du probierst mehrere aus und suchst aus, was am besten für dich funktioniert. Entrümpeln braucht Zeit. Gehe nicht davon aus, alles an einem Tag zu erledigen, sondern setze Ziele, die dich durch den Prozess führen. Ich schlage vor, du verwendest einen Kalender, um jede Phase deines

Entrümpelns zu markieren und ihnen bestimmte Zielfertigstellungsdaten zuzuweisen.

Es ist am einfachsten, den Prozess ein Zimmer nach dem anderen anzugehen. Sei dir bewusst, dass die Reinigung eines Schrankes in der Regel einen ganzen Tag oder sogar zwei Tage dauert; es ist eine große Arbeit! Das Entwirren der Küche ist auch ein Ein- bis Zwei-Tage-Job.

Einige Experten sagen, du solltest ein wenig nachlassen, einen Gegenstand pro Tag weglassen oder einen Müllsack in einer Woche füllen. Andere sagen, es ist alles oder nichts. Sie denken, du solltest jeden Schrank und jede Schublade mit Kleidung darin auf einmal durchgehen, also vergesse nicht das, was du hast.

Denk daran, du machst die Regeln. Wenn du es langsam machen willst, nimm es langsam. Denke nur daran, dass ein Gegenstand pro Tag bedeutet, dass du dein Leben brauchst, um den Prozess zu beenden! Aber wenn du begeistert bist, ein Minimalist zu werden, mach es in ein oder zwei Wochen fertig und fängst du an, deinen unstarren Lebensstil zu genießen?

Im Folgenden findest du einige beliebte Methoden, um zu entscheiden, was du verwerfen solltest, mit Techniken, um während des Prozesses organisiert zu bleiben:

Die 12-12-12 Methode

Zwölf ist eine schöne runde Zahl. Es dauert nicht lange, 36 Sachen zu sammeln und zu entscheiden, was mit ihnen geschehen soll. Um die 12-12-12-Methode zu bearbeiten, sammelst du Dinge in Deinem Haus, findest 12 Dinge zum weglegen, 12 Dinge zu verschenken und 12 Dinge wegzuwerfen. Du kannst das einmal, zweimal oder dreimal pro Woche machen. Es liegt an dir.

Die Vier-Boxen- oder Körbe-Methode

Erwerbe vier große Kisten, die fast die gleiche Größe haben oder gehe raus und kaufe vier identische Wäschekorb. Man wird für Müll sein, den du wegwerfen wirst, einer ist für Dinge, die du weggeben willst, einer ist für Dinge, die du speichern willst, und der vierte ist für Dinge, die du behalten willst. Nimm ein Zimmer und fang an, die Kisten oder Körbe aufzufüllen. Sobald du sie füllst, wirst du das Zeug in der Mülltonne loswerden, die Dinge, die du verschenken wolltest, in Kartons verpacken und dann verstauen, was aufbewahrt werden muss. Nimm alles aus dem vierten Teller und frage dich: "Brauche ich das? Bringt es mir Freude? "Wenn die Antwort ja ist, dann lege sie an ihren richtigen Platz; Ansonsten legst du es in eines der anderen Kästchen.

Die Mapping- und Bewertungsmethode

Bei dieser Methode erstellst du eine Karte aller Zimmer in deinem Haus. Markiere, wo sich die Türen und Fenster befinden und zeichne die Schränke ein. Zeichne, wo die Möbel untergehen. Bewert jeden Ort, wie überladen es ist, einen für übersichtlich, zwei für etwas überladen, drei für sehr unübersichtlich, und vier für den letzten überfüllten Raum. Beginne zuerst mit dem überladensten Raum und nimm die Karte mit.

Markiere mit einem "X" den am meisten überladenen Bereich und beginne dort mit der Reinigung. Du kannst dein 12-12-12-Technik oder die Vier-Box-Methode in Verbindung mit diesem Plan verwenden.

Erwirb finanzielle Freiheit.

Ich weiß, dass viele Leute argumentieren, dass Geld nicht alles ist oder Geld die Wurzel all des Bösen ist ... etc ... Aber nun, das ist nicht wahr. Laut mehreren Studien und Forschungsarbeiten über wohlhabende Menschen aus der ganzen Welt, ist es jetzt bewiesen, dass, wenn du finanziell frei bist, du glücklicher bist als die Menschen in Deinem Alter / Einkommensgruppe, die nicht wirtschaftlich frei sind.

Natürlich kann Geld Glück nicht kaufen. Aber bis zu einem gewissen Grad an Freude ist finanzielle Sicherheit unerlässlich. Die meisten Menschen haben Angst davor, nach ihrer Pensionierung oder sogar davor aufgrund der hohen Schulden bankrott zu gehen oder sogar bankrott zu sein.

In China sorgen sich die meisten Menschen um ihre Schulden, während sie nachts schlafen, anstatt um Herzkrankheiten und Diabetes. Dies ist das Szenario von Menschen aus der ganzen Welt. Aber Menschen, die finanziell frei sind, haben keine Angst vor diesen finanziellen Unsicherheiten, und deshalb sind sie glücklicher als andere in derselben Alters- und Einkommensgruppe.

Finanziell frei bedeutet nicht, dass du ein Millionär oder Multimillionär sein solltest. Es besagt, dass dein monatliches Passives Einkommen aus deinen verschiedenen Investments wie Aktien, Anleihen, Gold, Immobilien & Unternehmen oder gar Gehalt viel mehr ist als deine monatlichen Spesen. Also, auch wenn du heute aufhören tust zu arbeiten, kannst du für den Rest deines Lebens auf dem Einkommen leben, das du von deinen Investitionen generierst.

Um finanzielle Freiheit zu erlangen, muss du innere Gedanken und gesprochene Worte beherrschen. Deine innersten Gedanken sind der Anfang von allem, was du schaffst. Worauf du dich fokussierst, expandiert. Angstbasierte Gefühle werden sich in der Realität manifestieren, wenn du ihnen erlaubst, in deinem Geist zu wachsen. Du solltest dich auf die Dinge konzentrieren, die du willst, damit es sich ausdehnt und in deinem Leben zeigt. Deine Worte sind auch entscheidend, denn negative Wörter wie "Ich kann es mir nicht leisten" oder "Ich werde niemals reich sein" werden die falsche Botschaft aussenden. Das Universum reagiert nur auf Gedanken und Worte des Überflusses. Andere Dinge wie das Erstellen eines Ausgabenplans, das Setzen finanzieller Ziele, das Erlernen von Investitionen oder sogar das Vereinfachen Deines Lebens stammen alle aus dieser einfachen Idee, innere Gedanken zu meistern.

Ein Wort über finanzielle Sorgen

Viele Menschen sorgen sich um Geld, wie sie die Rechnungen jeden Monat bezahlen. Verbraucherkreditagenturen und Kreditkartenunternehmen haben es zu leicht gemacht, enorme Summen an Schulden aufzustocken und den Verbrauchern große Kreditlinien mit verlockend niedrigen monatlichen Zahlungen anzubieten.

Viele wissen nicht, dass die exorbitanten Zinssätze, die mit solchen Krediten kommen können, sie finanziell in ein tiefes Loch bringen können, was tägliche Sorgen und Stress verursacht.

Eine Lösung: Du kannst deine Kreditkarten zerschneiden, deine Konten schließen und einen Drei-bis-Fünf-Jahres-Plan machen, um aus Schulden zu kommen, indem du mit einem Budget lebst, innerhalb deines Geldes, und jede Kreditkartenabrechnung abzahlst.

Sicher, es wird Zeit brauchen. Aber wenn du dich auf das Ziel konzentrierst, schuldenfrei zu sein, dann kannst du es tun, und oft weißt du, wie du aufgehört hast, Rechnungen hochlaufen zu lassen, und einen Plan gestartet hast, um

Schulden abzubauen und statt dessen ein Sparkonto aufzubauen kann dich nachts besser schlafen lassen.

Wenn du dich überwältigt fühlst und du wegen allem vorbei bist und die Geldsammler jeden Abend anrufen, gibt es immer noch Hoffnung. Kontaktiere die Leute bei Consumer Credit Counselling. Es gibt eine Niederlassung in fast jeder mittleren bis großen Stadt, und sie werden helfen, einen Wiederherstellungsplan für dich zu erstellen.

Dann werden sie mit jeder Kreditagentur Kontakt aufnehmen und einen Auszahlungsplan für dich aushandeln. Wenn du in einer kleinen Stadt bist, kannst du manchmal einen Anwalt bezahlen, um die Auszahlungen für dich zu übernehmen, irgendetwas zu zahlen, um die Zinssätze davon abzuhalten, dich unter einem Berg von Schulden zu begraben.

Denke daran, dass du unabhängig davon, was deine derzeitige Situation ist, immer noch die Wahl hast, wie dz darauf reagieren wirst. Und bedenke, dass dein Zustand nicht ewig dauern muss. Depressionen sind nicht die Antwort. Proaktive Schritte zur Zahlungsfähigkeit sind, und der Moment, an dem du das tust, wirst du ein massives Gewicht fühlen, das von deinen Schultern abgehoben wird.

Das heißt, einen neuen Plan zu machen, um den aktuellen Stress zu lindern und sich auf einen modernen Tag zu freuen. Wähle Milde und persönliche Vergebung für dein vergangenes Verhalten, verbunden mit der festen Entschlossenheit, nicht immer wieder die gleichen Fehler zu machen.

Genug Rat in Bezug auf finanzielle Probleme. Persönliche Finanzen ist nur eine von vielen Fragen oder Umstände, die deine Meinung trüben und dich vor Glück bewahren können.

Adoptiere einen einzigartigen spirituellen Ausblick

Ich glaube fest daran, dass wir alle die Macht in uns haben, um Frieden zu erreichen. Alles, was wir tun müssen, ist zu lernen, im Jetzt zu leben. Dies ist ein Zustand, den ich regelmäßig zu erreichen versuche, mit begrenztem und verlockendem Erfolg. Du kannst auch, indem du die unten aufgeführten Grundsätze praktizierst.

In diesem Abschnitt werde ich versuchen, die Lehren des Buches zusammenzufassen, in der Hoffnung, dass du die tolle Vorschriften erleuchtend finden wirst. Tolle ermutigt uns, den Denker in uns allen zu beobachten. Auf diese

Weise können wir immer noch die vielen Stimmen in unseren Köpfen ablaufen lassen. Er meint das nicht, weil wir alle die meiste Zeit einen inneren Dialog in unseren Köpfen führen, dass wir verrückt oder schizophren sind.

Er bedeutet lediglich, dass wir lernen können, diesen inneren Dialog zu beruhigen und inneren Frieden zu erreichen, etwas, von dem ich glaube, dass die meisten von uns es irgendwann tun möchten. Er sagt, dass das Erleben der Freude des Seins nicht auf Kosten eines klaren Denkens oder eines Bewusstseins der Dinge um uns herum geht. Vorzugsweise ist der Zustand des Seins eine der überbewussten Wahrnehmung unserer Umgebung, ein Gefühl, in diesem Moment vollständig präsent zu sein. "Und dennoch ist dies kein selbstsüchtiger Zustand, sondern ein selbstloser Zustand. Es dauert über das hinaus, was du zuvor als 'dein Selbst' gedacht hast. Diese Präsenz ist meistens du und gleichzeitig unvorstellbar bedeutender als du. "

Tolle sagt, dass 80-90 Prozent des Denkens der meisten Menschen nicht nur repetitiv und nutzlos ist, sondern aufgrund seiner dysfunktionalen und schädlichen Natur auch sehr schädlich ist. "Beobachte deine Gedanken, und du wirst finden, dass dies wahr ist. Es verursacht einen ernsthaften Verlust von Lebensenergie. "

Er sagt, dass der wichtigere Teil des menschlichen Schmerzes unnötig ist. "Es ist selbst geschaffen, solange der unbeobachtete Geist dein Leben führt." Tolle schreibt vor, dass, wenn du nicht länger Schmerz für dich selbst und andere schaffen willst, du erkennen musst, dass der gegenwärtige Moment alles ist, was du hast. Er fügt hinzu, dass wir immer "Ja" zum Jetzt sagen sollten.

Dies bestätigt, was wir schon früher gesagt haben, dass wir nicht nur an einem Tag, sondern an einer Stunde oder an einem Moment gelebt haben, die möglichen Sorgen und Gefahren der Zukunft vermieden und uns nicht auf schmerzhafte Ereignisse oder Beziehungen in der Vergangenheit konzentriert haben.

Minimalismus durch Senkung deiner Erwartungen

Ich hatte einmal einen Freund, der mir etwas Weises sagte: "Unterstreiche deinen Stress, indem du deine Erwartungen verringerst."

Zu dieser Zeit hatte ich mich zu einem Perfektionisten entwickelt. Ich war in das mittlere Management eingezogen und erwartete Exzellenz von mir selbst und denen, die für mich arbeiteten. Ich konnte, wenn ich darauf zurückblickte, den Leuten um mich herum Schmerzen bereiten.

Ich hatte auch eine Menge Stress entwickelt und versucht, viele Faktoren zu kontrollieren, die außerhalb meiner Kontrolle lagen. Ich wollte nicht "meine Erwartungen senken". Für mich bedeutete das, schlechte Leistungen bei mir und anderen zu akzeptieren. Irgendwann wurde ich älter und ich begann die Weisheit zu verstehen, die diesem Konzept zugrunde liegt.

Der Fall für die Senkung deiner Erwartungen

In einer neuen Studie fanden die Forscher heraus, dass es nicht so wichtig war, ob die Dinge gut liefen. Es stellte sich die Frage, ob sie besser als erwartet liefen.

Nicht dass du die ganze Zeit düster herumlaufen solltest. Erwartungen zu haben, sagen wir, zum Mittagessen mit einem Freund, kann deine Geister heben, sobald du Pläne gemacht hast.

Handel! Setze diese Woche eine Erwartung zurück. Was ist ein realistischeres und angenehmeres Ziel? Konzentriere dich dann auf die Reise und nicht auf das Ziel. Welche Berge könntest du klettern, du wirst das Klettern wirklich geniessen (bildlich gesprochen), ob du es jemals bis zur Spitze schaffen wirst? Wie kannst du dich auf den gegenwärtigen Moment konzentrieren, was auch immer du gerade tust, anstatt große Ziele und Erwartungen für die Zukunft zu setzen?

In persönlichen Beziehungen wird es mit realistischen Erwartungen möglich sein, die Fehler in anderen zu akzeptieren. Wir müssen Verantwortung für unser Leben übernehmen, bevor wir erwarten können, dass andere dasselbe tun.

Eine der wichtigsten Herausforderungen im Leben ist es, Menschen für das zu akzeptieren, was sie wirklich sind. Sobald du realisierst, dass deine Erwartungen die Menschen nicht verändern können, wird es dir besser gehen.

Jemand anders, von dem ich einmal gehört habe, hatte eine großartige Möglichkeit, diese Philosophie zusammenzufassen: "Gib ohne Erwartung, akzeptiere vorbehaltlos und liebe ohne zu zögern." Es geht um die Perspektive.

Niedrigere deine Erwartungen, wenn du erfüllt werden willst. Erhebe sie, wenn du die Dinge effizienter machen willst.

Du kannst ein Trainingsprogramm beginnen, um dich selbst besser zu fühlen und Zufriedenheit zu erreichen. Du kannst dich auch gut mit dir selbst in Kontakt bringen, indem du selbst ein paar kleine Schritte unternimmst, um dein Selbstbild zu verbessern. Dies wird dir neues Selbstvertrauen geben und dein Selbstwertgefühl stärken.

Aber du mußt realistisch sein bezüglich der gesetzten Ziele oder die Übung wird eine sein, die in der Sinnlosigkeit endet. Du musst deine Ziele klar verstehen und die notwendigen Schritte planen, um sie zu erreichen.

Schließlich sagt eine Beraterin, über die ich gelesen habe, dass ihre Klienten gestresst sind und dass sie gestresst sind, weil sie gestresst sind. Nun, die Leute sagen ihnen, sie sollen "mehr schlafen oder Sport treiben" oder "eine Meditationstherapie beginnen".

Kommt dir das wieder bekannt vor?

Dieser Berater sagt sogar, dass ein gewisses Maß an Stress Standard ist, solange man mit seinen Fähigkeiten fertig werden kann. Das ist lustig. Menschen, die mit Stress erfolgreich umgehen können, brauchen keine Selbsthilfebücher, um Stress abzubauen. Ich habe mich oft über solche Leute geärgert, die ein erbliches oder prominentes Gen haben müssen, das ihnen erlaubt, das Gewicht, das uns Sterbliche töten würde, abzuschießen.

Schau in dich hinein

Amanda Christian, die im Blog tinybuddha.com schreibt, sagt, dass viele von uns Dinge wollen, weil wir denken, dass sie uns fühlen lassen. Du magst dir einen dünneren Körper wünschen, weil du denkst, es wird dich glücklich und geliebt machen. Du magst vielleicht eine erfolgreiche Karriere wollen, weil du denkst du wirst dich erfüllt fühlen. Du willst eine Beziehung, weil du denkst, es wird deine Einsamkeit erleichtern.

Diese Dinge können uns davon abhalten, in uns nach Antworten zu suchen. Wenn sie nicht tun, was wir wollen, fühlen wir uns enttäuscht und wütend. Um diesen Zyklus der Enttäuschung zu lösen, müssen wir den Glauben loslassen, dass sie uns retten werden.

Entspanne dich mehr, beurteile dich weniger

Christian sagt, dass sie gelernt hat, dass die liebende Stimme in uns, auch bekannt als unser innerer Führer, einen größeren Plan für uns hat als wir für uns selbst. "Wie sich herausstellt, bist du genau jetzt genau da, wo du sein musst", sagt sie. Das einzige, was du tun musst, fügt Christian hinzu, um dem Pfad deiner eigenen Führung zu folgen, höre darauf zu, indem du dein Urteil über das, was du denkst, geschieht. Du musst jetzt nicht alles herausgefunden haben. "Sei ruhig und lausche, was in diesem Moment zu tun ist. Jeder Rat, der aus Liebe kommt, wird etwas sein, was du jetzt tun kannst. Der Gedanke, es zu tun, wird dich leichter und aufgeregter machen."

Verändere deine Gedanken

Das erste, was ich tue, wenn ich meinen Seelenfrieden störe, ist: Ich bin entschlossen, diese Person / Situation anders zu sehen. So tretest du in deine Macht ein. Alles passiert mit dir, nicht du.

Du wirst erstaunt sein über die Veränderungen in der Wahrnehmung, die auftreten, wenn du bereit bist, Angst loszulassen und stattdessen Liebe zu sehen.

Dein Heim minimieren

Wenn du beschäftigt bist, hast du nicht viel Zeit, um dein Heim zu organisieren. Es ist dann leicht, dass es chaotisch wird und das Chaos außer Kontrolle gerät. Es kann schwierig sein zu verstehen, wo ich anfangen soll. Hier findest du fünf Tipps, wie du dein Heim entschlüsseln kannst.

1. Verschiebe nichts bis morgen, was du heute tun kannst.

Zaudern lässt es nicht weg. In der Tat wird es nur schlimmer und verursacht auf lange Sicht mehr Stress. Sobald du die Kugel gebissen hast und dich daran gewöhnt hast, wirst du dich viel besser fühlen. Nichts ist schöner als ein Zimmer zu betrachten, das so schmuck wie ein Stift ist und sehr attraktiv aussieht. Der beste Teil davon ist, dass du die Befriedigung einer gut gemachten Arbeit hast.

2. Entscheide dich, wann du starten sollst und wie lange du vor dem Start arbeiten wirst. Dann bleib dabei.

Seie realistisch und mache dein Ziel erreichbar. Wenn du die erste Sitzung erfolgreich abgeschlossen hast, erhaltest du den Anstoß, dein nächstes Meeting zu beginnen. Beginne damit, zu planen, was du erreichen möchten und wie du dir viel Zeit ersparen kannst. Indem du dir für jede Sitzung ein Zeitlimit setzt, hast du immer noch Energie für die anderen Dinge, die du brauchst oder tun willst.

3. Spende Gegenstände, die du nicht mehr willst oder brauchst.

Wenn du ein paar Habseligkeiten hast, die immer noch in gutem Zustand sind, kannst du sie der Nächstenliebe überlassen und den Raum frei machen, in dem sie nur herumliegen und Staub sammeln. Das Gute daran ist, dass du keine Zeit mehr damit verbringen musst, sie zu pflegen und auf sie aufzupassen, was dir mehr Zeit für andere Dinge gibt. Es ist einfach, Sachen zu horten, falls es eines Tages nützlich sein sollte, aber seien wir ehrlich, wenn es nicht gebraucht wird, kann es nicht gebraucht werden. Der andere Vorteil ist, dass die meisten Wohltätigkeitsorganisationen gerne deine Spenden entgegennehmen, und sie können auch steuerlich absetzbar sein!

4. Verteile keine Unordnung von einem Raum in einen anderen.

Es kann einfach sein, einen Arm voll Klamotten zu holen und sie ins Schlafzimmer zu bringen, sie auf einen Stuhl zu werfen und sie dort zu lassen! Wenn du alle deine Schuhe in deinen Schrank stopfst oder einen Stapel Papierkram auf ein Regal legst, um den Tisch zu 'leeren', bewegt sich nur ein Durcheinander von einem Ort zum anderen. Dies kann die Dinge noch schlimmer machen, nicht besser oder aufgeräumter! Du erschaffst immer noch keinen freien Platz unddu wirst diese Haufen irgendwann einmal sortieren müssen.

5. Entscheide dich, jedes Element einmal zu behandeln.

Gönne dir genügend Zeit, um jeweils einen Problembereich zu bearbeiten. Wenn du die Dinge ansiehst, die du sortierst, entscheidest du, wohin es geht, und legst es dann an seinen Platz. Je weniger du mit einem Gegenstand handelst, desto schneller kommst du durch dein Haus. Manchmal ist es nicht möglich, etwas nur einmal zu berühren, sondern so viel wie möglich zu minimieren, wie oft du eine Sache aufnimmst. Da für jeden Gegenstand ein Platz gefunden wird, ist es bequemer, die Dinge sauber zu halten, da jedes Element nach Gebrauch wieder an seinen Platz gebracht werden kann. Dies hat den zusätzlichen Vorteil, dass Sie diese Elemente bei Bedarf finden können und viel Zeit sparen.

Also, du hast es - 5 schnelle Tipps, um dein Zuhause zu entschlüsseln. Sie können dir helfen, schnell loszulegen und gute Fortschritte zu machen, aber um den Platz entkleidet zu halten, arbeiten Sie daran, es zur Gewohnheit zu entwickeln.

Kapitel 5:
Minimalismus und Glück

1. Verringere deine Abhängigkeiten

Wir haben alle unsere Krücken, auf die wir uns stützen können, leider werden sie für viele von uns abhängig von einem oder mehreren von ihnen. Die offensichtlichste Krücke in unserer Gesellschaft ist Alkohol. Es wird als akzeptabel erachtet, in erster Linie von der jüngeren Masse zu trinken oder betrunken zu werden, und die häufigste Begründung für das Verhalten ist, dass "es sich besser anfühlt, betrunken zu sein als nicht." Das ist nur ein Beispiel, und die Krücke könnte alles sein, Drogen, Schmerzmittel und Kaffee, um ein Paar zu nennen, normalerweise irgendeine Substanz. Wenn du harte Zeiten durchlebst und dich zu etwas wie Alkohol zurückdrängst, dann unterlasse es, du wirst nur davon abhängig sein, dich durch schwere Zeiten zu hieven, anstatt dich auf dich selbst zu verlassen. Abhängigkeiten schaffen Schwäche, je mehr du Abhängigkeiten abschwächen kannst, desto mehr kannst du deinen Geist stärken, was es dir erlauben wird, größere und größere Hindernisse ruhig und ohne

Zusammenbruch anzunehmen oder die Kontrolle über dich selbst zu verlieren. Was wiederum zu mehr Kontrolle, Selbstvertrauen und natürlich Glück führt.

2. Höre etwas Post-Rock

Dies hängt sowohl mit dem Entspannen als auch dem Schreiben eines Tagebuchs zusammen, da es ähnliche Dinge erreicht. Der Schlüssel ist, beruhigende und dennoch komplexe Musik zu hören, klassische, akustische, Balladen. Hier ist alles möglich, aber Post-Rock ist perfekt. Einige Bands, die man zu diesem Zweck besuchen sollte, sind Mogwai, Explosions in the Sky; This Will Destroy You und Russian Circles. Nun, warum fragst du das, es ist einfach, die meisten Menschen, die Musik hören, sind hochenergetisch oder konzentriert auf ein Thema von Interesse. Diese Art von Musik ist natürlich entspannend, und deine Interpretation schafft das Subjekt, sie kann deine Fantasie, Emotion und deine Gedanken anregen. Ähnlich wie das Schreiben eines Journals, in dem deine Gedanken dich führen können. Also leg dich einfach auf eine oder zwei Spuren und lehne dich zurück oder leg dich hin, lass dich einfach gehen, du wirst deinen Geist später erfrischt finden. Ich habe auch gehört, dass es helfen kann, Leute zum Schlafen zu bringen. Wenn es etwas gibt, was

Musik nicht kann, lasse es mich wissen, es kann etwas Glück schaffen.

3. Meditation

Dies ist ein weit verbreiteter Weg, Stress abzubauen und das Glück zu steigern. Wenn du es nicht schon machst, dann solltest du jetzt anfangen. In jedem wachen Augenblick werden wir mit äußeren Reizen bombardiert, ob wir es merken oder nicht, und unsere Gehirne müssen alles mit fast sofortiger Geschwindigkeit durchforsten. Was Meditation tut, ist zu versuchen, all den Reiz zu minimieren, dein Gehirn zu desinieren, Fokus zu schaffen und dein Gehirn etwas "Ich" -Zeit zu geben. Nun könnte man meinen, dass der Schlaf dafür aber nicht vollständig ist. Wenn wir schlafen, regt sich unser Körper wieder an, und unser Gehirn durchwirbelt alle Informationen unserer Tage, organisiert es, entscheidet, was wesentlich ist und was nicht, obwohl wir frisch aufwachen und vielleicht nicht wissen, dass unser Gehirn daran die ganze Zeit gearbeitet hat. Meditieren ist einfach, leg dich nur mit deinen Händen auf deine Seite oder setze dich in eine bequeme Position, schließe dann deine Augen und versuche deinen Geist zu leeren, du kannst dich entweder nur auf dein langsames rhythmisches Atmen konzentrieren oder eine einzelne Phrase oder ein Wort wiederholen das ist persönlich wichtig für dich. Tu dies für etwa 15 Minuten, und du wirst dich erfrischt und besser als vorher herausholen, die tägliche Meditation kann Wunder für dich bewirken und natürlich dein Glück erhöhen.

Also, du hast es, noch drei gute Wege, dein Glück zu erhöhen. Versuche, dich nicht so sehr auf deine Krücken zu verlassen, höre eine raffinierte Musik wie Post-Rock und meditiere täglich. Vergiss nicht, dass du mit allem nicht über Bord gehst, als würdest du deine Krücke kalt erkälten, es vernachlässigen deine eigene Musik zu hören oder ein Meditationsgebäude auf deinem Haus zu bauen.

Kapitel 6:
Minimierung deines Lebens für Seelenruhe

Atme einfach - Meine wichtigste Entdeckung in meiner sogenannten "Suche nach Frieden" war also, wie kraftvoll und einfach atmen sein könnte. Wenn du dich von der Welt überwältigt fühlst, atme einfach. Es wird alles von Stress und Spannungen befreien. Wenn du vergessen hast, warum du jeden Morgen aufwachst und warum du dich so sehr anstrengst, atme einfach. Es wird dein Denken wieder in den Fokus rücken. Wenn du das Gefühl hast, du kannst nicht aufhören, dir Sorgen zu machen, dann schlag einfach. Es wird dich beruhigen und die Sorgen völlig stoppen. Radikal erleichtert das Atmen den Körper und bringt gleichzeitig den Geist in die Gegenwart. Wenn du das nächste Mal negative Gefühle überwindest, atme einfach.

Spüle das ganze Durcheinander ab. Schaue dich jetzt sofort um. Wie viel Unordnung gibt es? Die Verwirrung gibt deinem Gefühl der Unterdrückung ein Gefühl, etwas tiefer zu gehen. Warum haben wir überhaupt Probleme? Grundsätzlich beruht die Verwirrung auf unserer Unfähigkeit, die Vergangenheit loszulassen. Es kommt von emotionalen Bindungen an Objekte, die für uns von Bedeutung sind. In der Vergangenheit zu leben ist ungesund. Beginne damit, eine Menge von ihnen wegzulegen und von dort aus zu arbeiten. Ein offener Arbeitsbereich mit wenig Durcheinander bewirkt Wunder für die Kreativität und den Seelenfrieden.

Zeit für sich selbst finden - Künstler Meisterwerke sind in der Regel in Einsamkeit gemacht, Philosophen waren oft dafür bekannt, sich für längere Zeiträume allein in den Wald zu wagen, obwohl Zeit mit Angehörigen ein wertvolles Geschenk des Lebens ist. Ich glaube, die Zeit allein ist fast so wertvoll. Alleine Zeit ermöglicht es dir, deine Gedanken zu organisieren und zu entspannen. Es wird dir ermöglichen, dich selbst zu finden und mit dem Selbst, das du gefunden hast, in Frieden zu sein.

Finde Zeit, um dich zu trennen - ich liebe Technologie, aber es ist unbestreitbar, dass es eine Belastung für deine Ruhe tut. Um es einfach auszudrücken, wenn du dich nur ein bisschen überwältigt fühlst, schalte den Fernseher aus und lies ein Buch. Du kannst dein internet auch ausschalten und spazieren gehen oder wie ich vorher schon erwähnt habe einfach nur atmen.

Dies klingt zwar nach einer sehr rationalen neuen Denkweise, aber meiner Meinung nach ist es die Dezentralisierung der alten Mentalität des 20. Jahrhunderts. Unsere kollektive Gesellschaft schreit: "Kauf! Behalte! Sammle! Was, wenn es wertvoll wird? Was ist, wenn du es brauchst? Was ist, wenn Tante Petunia herüberkommt und fragt, was mit dem Honigkrug passiert ist, den sie von ihrem Flohmarkt abgegeben hat?" Es gibt so viel gesellschaftliche Verbindung zwischen Besitz und Glück, dass wir uns an die Dinge in unserem Leben klammern, die uns nur von unserem Wunsch, ... naja ... etwas zu tun, abziehen!

Zwang zur Unordnung

Ich habe eine gute Freundin, der einen Einkaufszwang hat. Diese besondere Freundin hat Schachteln und Schatullen aus Makeup, die sie nie benutzt, Stapel und Stapel von Kleidern, die sie gekauft, aber nie getragen hat, Schubladen voller Lotionen, die sie ein- oder zweimal benutzt hat, aber nie verbraucht hat.

Was ist es, Dinge zu haben, die uns sicher fühlen lassen, sogar bis zu dem Punkt, dass wir uns weigern, ein kaputtes Gerät loszuwerden oder Kisten mit alten Stiften und Bleistiften zu behalten, die wir nie benutzen? Warum verkaufen Magazine wie Real Simple Millionen von Exemplaren jährlich, indem sie ihre Seiten mit Ideen zu Organisation und Ordnung füllen, anstatt Tipps, wie man mit dem Kauf aufhört?

Wir bewahren Gegenstände vor Unsicherheit, Angst und manchmal vor echter Glückseligkeit. Wir kaufen und behalten Dinge, von denen wir denken, dass sie uns glücklich machen. Ob es nur eine weitere Art von Erröten ist, Medizin, die vor fünf Jahren abgelaufen ist, oder ein anderer hölzerner Schneemann, jedes dieser Dinge, wenn wir es in den Schrank oder auf das Regal stellen, symbolisiert das Glück, das wir in unserem Leben erreichen wollen. Aber bringen sie Freude, all diese Dinge?

Nichts mehr als Gefühle

Die Wahrheit ist einer, den du wahrscheinlich schon kennst, aber schon so oft gehört hast, dass er seine Kraft verloren hat, dich zu beeindrucken. Die Tatsache, dass Geld kein Glück kaufen kann, dass Dinge sich nicht sicher fühlen können. Es gibt keine Wörter, die neu genug sind, kein Wortwitz ist genug, um es wieder zu einem einzigartigen Konzept zu machen.

Oder ist es da?

Schau dir dein zu Hause an. Wenn du es tust, dominiert ein Gefühl der Erfüllung, ein Hauch von Ordnung? Fühlst du dich so, als hättest du die Dinge, die du willst, und nichts ist fehl am Platz, keinen Gegenstand, den du aufbewahrst "nur für den Fall"? Wenn ja, dann zögere nicht, dieses Kapitel zu überspringen und zu einem anderen Interesse von dir zu gelangen.

Aber wenn du dieses Buch durchführst, gibt es Wahrscheinlichkeiten, dass etwas an deiner Umwelt ist, das dich unwohl fühlen lässt, unfähig dich zu entspannen oder dich regelrecht erstickt. Du träumst vielleicht von der Fähigkeit, mit minimalem Aufwand ein sauberes Zuhause zu haben. Du hast wahrscheinlich von der halbstündigen Säuberung gehört, aber glaube, es ist ein mythisches Biest wie ein Einhorn oder Griffin. Wenn dies der Fall ist, solltest du im Hinblick auf diese Einstellung jedes deiner Besitztümer einzeln betrachten:

Macht dieses Element Frieden und Glück in meinem Leben oder erzeugt es ein Gefühl des Unbehagens?

Das mag wie eine bizarre mystische Art von Idee klingen, aber die Wahrheit ist, alles, was du hast, erzeugt entweder ein positives oder ein negatives Gefühl in dir, wenn du es ansiehst, es benutzt, es trägst, darauf sitzt oder es anfasst.

Dies ist keine Aussage eines erleuchteten Geistes, sondern lediglich eine Beobachtung. Ob dein Geschmack auf den minimalistischen oder zutiefst eklektischen Ansatz zielt, etwas an jedem Gegenstand rund um löst eine emotionale Reaktion aus. Du magst etwas schwieriger bei einigen Problemen sein als andere, um zu bestimmen, aus welchem Gefühl sie entstanden sind, aber du magst oder magst nicht jedes einzelne Stück deines Heims.

Wie entspannt du dich in deiner Umgebung fühlst, hängt direkt mit der Anzahl der Dinge in deiner Umgebung zusammen, die du magst oder nicht magst.

Ich möchte einen Moment nehmen, um hart auf die Bremse zu treten und einen Haftungsausschluss hinzuzufügen: Das bedeutet nicht, dass du dich nur entspannt fühlen kannst, wenn du tausende von Dollars ausgibst, um eine ideale Umgebung zu schaffen.

Kapitel 7:
Besitz und Minimalismus

Um mehr Freiheit und mehr Freude zu erreichen, muss man versuchen, minimalistische Prinzipien beizubehalten, dh unnötige Dinge auszulassen, das Wesentliche zu identifizieren, alles zu zählen usw. Um extremen Minimalismus zu erreichen, lernst du viele Dinge über das Minimalistische und den Versuch, es beizubehalten die dinge, denen du folgen solltest, um zu beginnen, indem du bereits verwirklichst, auf Unordnung und Eigentum zurückschneidend, redigiere langsam alles und vereinfache deinen Zeitplan.

Minimalismus ist einfach ein fantastisches Wort, um dein Leben einfach zu halten und deine Prioritäten zu setzen. Minimalistisch zu sein, ist eine Möglichkeit, das Gleichgewicht in deinem Leben zu erreichen. Indem du dich im Leben auf das Wesentliche deiner Existenz beschränkst, wirst du mehr Zeit für dich haben. Du wirst mehr Zeit haben, wieder zu trainieren und zu kochen. Du kannst dich auf die wichtigen Karriereziele konzentrieren und nicht nur das nächste Widget erstellen.

Der Weg zu einem minimalistischen Leben ist nicht einfach. Um extremen Minimalismus zu erreichen, wird mein Zuhause sein:

a. Weniger stressig

b. Ansprechender

c. Leichter zu reinigen

d. Minimale Möbel

e. Klare Oberflächen

f. Qualität vor Quantität

Die Beschreibung eines minimalistischen Büros wird für jeden individuell variiert. Der letzte minimalistische Beitrag, würde ich mir vorstellen, wäre, keine Papiere, keinen Schreibtisch, keinen Computer oder irgendetwas dergleichen zu besitzen - nur sich selbst. Du würdest es für unmöglich halten und vielleicht auf dem Boden liegen.

Mit extremem Minimalismus müssen Finanzen nicht zu den kompliziertesten Dingen in deinem Leben gehören. Um Geld zu sparen, befolge ich einige Dinge, bei denen ich Bargeld und nicht Kredit verwende. Ich versuche immer, nichts zu kaufen, es sei denn, ich brauche es und nur, wenn ich das Geld habe. Ich denke, der erste Schritt, das Geheimnis zum Glück, das du nehmen kannst, um zufrieden zu sein, genau hier, gerade jetzt, aufzuhören nutzlose körperliche Dinge, die du betrachtest, um dich glücklich zu machen und der zweitbeste Schritt, den du nehmen kannst, ist die Beseitigung der Unordnung in deinem Leben. Tue dies, bis du Besitz zu den absoluten Notwendigkeiten deines Lebens reduziert hast.

Kapitel 8:
30 Tage, um dein Leben zu vereinfachen

Tag 1: Entwirre dein Online-Leben (und bleibe für einen Tag offline). Stelle dir einfach die Freizeit vor, um kreativer zu denken, produktive Dinge zu tun oder sie mit den Menschen der Liebe zu verbringen!

Tag 2: *Erstelle eine Liste von 3-6 fokussierten Zielen und Prioritäten für das Jahr.*

Tag 3: Beobachte und analysiere deine täglichen Gewohnheiten. Sind sie richtig für dich? Sind sie produktiv?

Tag 4: Reinige den Schrank. Inspiration findest du im minimalistischen Kleiderschrank des Buches.

Tag 5: Reinige die Müllkisten im Haus.

Tag 6: Begrenzen oder gebe den Fernseher für einen Tag vollständig auf. Wiederum geht es beim Minimalismus darum, dein Reichtum zurückzugewinnen, was unsere einzige nicht-erneuerbare Ressource ist. Empfohlene Lektüre von Zeit Reichtum ist "Rich Dad, Poor Dad."

Tag 7: Recycel alles, was recycelt werden kann, oder werfe die zufälligen Artikel weg, an die du dich nicht erinnern kannst. (Beispiele: zufällige Ladegeräte, Kabel usw.)

Tag 8: Wähle eine Ecke oder zwei im Haus und entferne mindestens einen Gegenstand, der nicht dorthin gehört. Je mehr, desto besser, aber beginne mit 1-3.

Tag 9: Sammle deine Kinder und putze die Spielzeugkiste zusammen.

Tag 10: Befreie (oder spende) oder verkaufe (eBay, Craigslist, etc.) 2 der "nur für den Fall" -Einträge.

Tag 11: Werfe mindestens 15-20 Artikel, die du nicht magst, brauchst, verwendest oder "nur für den Fall" hast. Verwende die 24-Monats-Regel. Wenn du einen Gegenstand in 24 Monaten noch nicht benutzt oder abgeholt hast, sind es wahrscheinlich "nur für den Fall" Gegenstände.

Tag 12: Starte den Tag mit Meditation. Halte deinen Fernseher, Computer, Internet und andere elektronische Geräte bis zum Mittagessen ausgeschaltet, auch auf der Arbeit, wenn möglich.

Tag 13: Mach die Küche sauber. Überfalle den Vorratsschrank und werfe alles, was Sie nicht länger als 2-3 Monate verwendet haben, wie z. B. ungesunde, raffinierte, zuckerhaltige, fettige Speisen usw. Lese den Teil "Minimalistisches Zuhause" für Tipps und Tricks. (Wir empfehlen die "4-Stunden-Körper" für Hilfe bei Essgewohnheiten und allgemeine Gesundheit und Übung Hacks.)

Tag 14: Lege deine Schuhe an einen Ort und denke sorgfältig darüber nach. Wenn es Paare gibt, die du nicht mehr als einmal getragen hast, entweder spende sie oder verschenke sie. Du findest im Abschnitt "Minimalistische Garderobe" im Buch immer nützliche Ratschläge.

Tag 15: Gegenstände mit sentimentalem Wert. Wenn du nicht bereit bist, ohne diese Gegenstände zu leben, dann überleg dir, etwas daraus zu machen. Erstelle ein DIY-Projekt für dich und füge sie zusammen.

Tag 16: Trage absolut keine Schminke für den Tag. Wenn dein Beruf dies nicht zulässt, wähle einen deiner freien Tage und behalte ein sauberes Gesicht. Du wirst sofort den Unterschied und die Leichtigkeit auf deiner Haut spüren.

Tag 17: Heute, verpflichtest du dich, nichts für 24 Stunden direkt zu kaufen. Keine Ausnahmen von dieser Regel.

Tag 18: Reinige das Badezimmer gründlich. Das bedeutet auch, durch die Schubladen und Schränke zu gehen und alles loszuwerden, was du nicht brauchst oder nicht ins Badezimmer gehören.

Tag 19: Erstelle ein einfaches Morgenritual, an dem du dich halten kannst. (Ziel für 5 Minuten Meditation, Übung, Lesen, etc.)

Tag 20: Analysiere die letzten fünf Einkäufe. Sehe, ob diese Gegenstände etwas waren, das du brauchst, oder nur etwas, das du im Verkauf gekauft hast oder weil du es gemocht hast.

Tag 21: Reduziere deine Verpflichtungen. Stelle dir die Tatsache vor, dass sie viel wertvolle Zeit in Anspruch nehmen und dass es ohne sie besser geht. Es ist schwer, Freunden und Bekannten Nein zu sagen, aber irgendwann werden sie weiterziehen und du wirst dich befreit fühlen.

Tag 22: Organisiere einen glücklichen Tag.

Heute darfst du dich nicht beschweren - nur um dankbar zu sein. Schreibe die Dinge auf, die dir am meisten Freude bringen und sei dankbar für sie. Vergiss die Dinge, die du nicht hast. Es ist eines der Hauptprinzipien eines achtsamen Minimalisten (aber es ist auch ein autoritativer Lebensrat) - hier und jetzt glücklich zu sein.

Tag 23: Wir waren alle einmal Multitasker.

Versuche heute, Aufgaben nacheinander zu übernehmen. Schwer, wenn du daran gewöhnt bist, Dinge so schnell wie möglich zu erledigen. Aber heute, nimm es langsam und widme jedes Ding, einer Sache nach der anderen.

Tag 24: Mach dein Schlafzimmer himmlisch. Es sollte nach Feng Shui das ruhigste und entspannteste Zimmer im Haus sein, also nehme dir die Zeit, dein Schlafzimmer zu einem Ort zu machen, an dem du dich entspannen und genießen kannst. Es sollte keine elektronischen Geräte oder einen Fernseher im Schlafzimmer geben. Ein einfaches Bett, Nachttische, Lampen und ein Schrank sind ausgezeichnet. Du kannst eine kleine Bibliothek haben, wenn du vor dem

Schlafengehen lesen möchten, aber das Dekor einfach halten willst. Alle ebenen Flächen sollten 2-3 Dekorstücke oder Bilder mit Rahmen enthalten. Die Wände sollten sauber sein, in einer weichen Farbe und wenn möglich ohne Aussicht. Halte einen Wecker im Schlafzimmer und entferne den Rest.

Tag 25: Mach die Wäsche, ohne daran zu denken, dass es eine langweilige, langweilige Tätigkeit ist. Die Aufgabe besteht nicht nur darin, die Wäsche zu waschen, sondern ihre Natur zu akzeptieren. Betrachte es nicht als eine schwierige Aufgabe. Greife einfach den Korb, lade die Maschine und geh. Das wars.

Tag 26: Gehe für einen schönen, entspannenden Spaziergang. Wie oft hast du absichtliche Schritte gemacht, anstatt in den Laden zu laufen? Sehr wenige, ich weiß. Also, heute, frage deine Lieben, dich zu einem angenehmen Spaziergang in deiner Nachbarschaft zu verbinden.

Tag 27: Werfe einen Blick auf deine Finanzen.

Gibt es irgendetwas im letzten Monat, das du gekauft hast, aber nicht haben solltest?

Tag 28: Nutze diese Tag zum Entspannen, verbringen Zeit mit deiner Familie, habe Spaß oder verwöhne dich mit deinen Hobbys. Arbeite nicht an deinem freien Tag. (Keine E-Mail, Beantwortung eines Schnellanrufs usw.)

Tag 29: Geh raus und hab Spaß. Geh irgendwo hin, wo du nicht viel Geld ausgeben musst, um eine gute Zeit zu haben. Geh in einen Park, spiele Minigolf oder treffe einen Freund zum Kaffee.

Tag 30: Denke daran und schreibe kurz über die letzten 30 Tage. Es wird nicht perfekt, aber es ist ein guter Anfang. Hinweis: Wenn du irgendwelche Probleme haben solltest, den Plan einzuhalten oder zu denken, dass es einen bestimmten Bereich zu verbessern gibt, könnte du ihn beim nächsten Mal immer aufrüsten.

Kapitel 9:
Tipps und Tricks zum Minimalismus

1. Notiere deine Gründe

Der erste Schritt zur Klarheit ist es, genau zu wissen, welche Gründe du hast, um Minimalist zu werden. Du musst verstehen, was dich zwingt, die Veränderung zu machen und warum du so engagiert bist. Es ist wichtig, dass du völlig klar bist, warum du diese Änderungen machst und dass die Gründe für dich wichtig sind. Wenn wir uns für unseren Zweck begeistern, werden wir mit größerer Wahrscheinlichkeit Erfolg haben in dem, was wir erreichen wollen.

Während du aus deinem Grund klar wirst, nimm ein Stück Papier heraus und schreibe es auf. Manche Menschen können davon profitieren, wenn sie dies nur auf eine Seite in ihrem Tagebuch schreiben, während andere sich vielleicht etwas Zeit nehmen und ihre Gründe in ein Kunstwerk verwandeln, das sie an jedem Tag in einer gut sichtbaren Stelle aufbewahren können. Was du tun willst, ist dir überlassen, aber das Wichtigste ist, dass du deine Gründe leicht verfügbar hast.

Wenn du dich auf eine neue Lebensreise begibst, kann es leicht sein, mentale "Rückfälle" zu haben, die dich auf eine frühere Art des Denkens zurückführen. Du magst in alte Gewohnheiten oder Muster zurückfallen und denken: "Nun, nur dieses eine Mal!" Aber genau diese Denkweise führt dich dazu, eine überladene Umgebung zu haben. Es ist in Zeiten wie diesen, dass du zurück in deine schriftliche Liste der Gründe gehen und dich in sie hineinfühlen willst. Fühle die Emotion, die du hinter dich bringst und lass sie für dich aufsteigen. Je mehr du diese Emotionen wirklich fühlen kannst, desto leichter wird es für dich sein, dich daran zu erinnern, warum du ein Minimalistis bist und deinen Wünschen treu bleibst.

2. Erhole deine Zeit

So viel Zeit wird verschwendet, wenn du in einem Lebensstil gefangen bist, der ausschließlich darauf ausgerichtet ist, das Neueste und Beste zu erwerben. Du verbringst mehrere Stunden Arbeit, oft bei einer Arbeit, die du nicht magst. Dies erzeugt Stress, Trauer, Wut, Frustration und andere unerwünschte Emotionen, denen du regelmäßig begegnen musst. Dann muss du Zeit damit verbringen, alle Objekte, die du erworben hast, zu erhalten. Du musst sie organisieren, sie neu organisieren, sie reinigen, sie versorgen und sie sonst bewahren. Dann musst du die Zeit finden, sie zu benutzen, was du wahrscheinlich selten tun wirst, so dass du oft Dinge erwirbst, die nur rumsitzen, damit du sie ansehen kannst. Wenn du verreist oder irgendwohin reist, bringst du wahrscheinlich mehr als erforderlich, nur weil du zu schuldig ist, etwas hinter dir zu lassen in dem Wissen, dass du dein Geld dafür ausgegeben hast, was ein direktes Symbol für eine Zeit in deinem Unterbewusstsein und möglicherweise sogar in dein Bewusstsein ist. Dann musst du natürlich Zeit investieren, um mehr zu erwerben. Also, du verbringst mehrere Stunden in Geschäften und Einkaufszentren, die frustriert sind über Aufstellungen, andere Käufer und alles andere, was dich verärgern könnte. Du kannst Schulden machen, um neue Dinge zu erwerben, oder du kannst nur von Gehaltsscheck zu Gehaltsscheck kratzen, weil du nicht aufhören willst, neue Sachen zu kaufen. Es kann eine komplizierte Falle sein, in der man stecken bleibt.

Ein Minimalist zu sein bedeutet, dass du deine Zeit zurückeroberst. Du wirst aufhören so hart zu arbeiten, um Geld zu verdienen, um Dinge zu bezahlen, die du nicht nutzen kannst, geschweige denn angemessen. Du verbringst Stunden damit zu arbeiten, um Schulden abzuzahlen, zu putzen und dein Haus voller unbenutzter Gegenstände zu betrachten. Du hattest die Gelegenheit, dich gründlich von all den Belastungen zu befreien, die mit diesen Handlungen einhergehen, sowohl emotional als auch physisch. Letztendlich kannst du deine Zeit zurückfordern, um ein Leben zu führen, das du willst. Du kannst alles tun, was du willst mit der Zeit, die du abrufst; Die Wahl liegt ganz bei dir.

Am Anfang ist es eine gute Idee, eine Seite von deinem Tagebuch zu nehmen und alle Dinge aufzuschreiben, die du dir für Zeit gewünscht hast. Was willst du denn tun, weil du keine Zeit hast? Was sind die Dinge, die du verschoben hast, weil es nie einen freien Moment für dich gibt, um sie zu vervollständigen? Wie leidet du in deinem eigenen Leben, weil du dir nicht genug Zeit gibst, es zu genießen? Auf diese Liste sollte man sich regelmäßig beziehen. Wenn du den minimalistischen Lebensstil übernimmst, wirst du anfangen wollen, Dinge von dieser Liste abzuhaken. Wenn du dich immer unsicher fühlst, was du als nächstes tun oder wohin du gehen solltest, nutze diese Liste als eine Gelegenheit, um dich zu führen. Du kannst sogar auf der Platte aufbauen, wenn neue Ideen aufkommen, egal wie weit oder tief in deiner minimalistische Reise du dich befindest .

Der größte Teil des Minimalismus ist die Freizeit. Viele Minimalisten sind sogar in der Lage, ihre Stunden zu reduzieren und in Teilzeit zu arbeiten anstatt in Vollzeit, weil sie nur das zusätzliche Geld nicht brauchen und sie lieber Zeit damit verbringen würden, ihr Leben zu genießen. Viele können ihren Job sogar ganz aufgeben und eine Karriere verfolgen, für die sie eine Leidenschaft haben, weil sie keine Angst mehr davor haben, was passieren wird, wenn sie keinen Job haben, zu dem sie zurückkehren könnten, falls etwas schiefgehen sollte. Die Freiheit, die du vom Minimalismus erhältst, ist beispiellos und du kannst dich darauf freuen, deine minimalistische Reise zu genießen.

3. Was schätzt du?

Ein wichtiger Teil der minimalistischen Reise ist es, zu lernen, was du am meisten wertschätzt. Wenn du dir darüber im Klaren bist, was dir am wichtigsten ist, dann weißt du genau, wie du Zeit und Ressourcen damit verbringst, ein Leben zu schaffen, das du liebst, und das ist das, worum es beim Minimalismus geht. Du solltest etwas

Zeit damit verbringen, zu wissen, was du wert bist und klar und ordentlich zu werden.

Ein guter Weg, dies zu tun ist, dein Tagebuch zu nehmen und Journaling zu starten. Schreibe auf, was dir am wichtigsten ist und was du vom Leben gewinnen willst. Welche Erfahrungen machen dich produktiv mit Freude und Glück? Was macht dich aufgeregt, aufzuwachen und jeden neuen Tag so zu erleben, wie er kommt? Das sind die Dinge, die dein Leben bereichern willst. Du solltest dir die Möglicnhkeit geben, diese so oft wie möglich zu erleben. Wenn du ein Minimalist bist, musst du dir weniger Sorgen machen, wenn du dich um deine Sachen kümmerst und mehr gewinnst. Stattdessen hast du das Geschenk von mehr Freizeit, was bedeutet, dass du deine Freizeit verbringen kannst, aber so, wie du willst.

Der andere Grund, warum es wichtig ist zu wissen, was du Wert ist, ist es, dass du du entscheidest, was du im Leben kaufen und besitzen möchtest. Zum Beispiel, wenn du die Fähigkeit zu schätzen weißt, in das Auto zu springen und irgendwohin zu gehen, dann könntest du dein Auto behalten wollen, anstatt, wenn du nichts dagegen hast, öffentliche Verkehrsmittel zu nehmen, es vorteilhafter sein kann, wenn du dein Fahrzeug los wirst. Dasselbe gilt für praktisch alles andere, was du besitzen darfst.

4. "Nein" sagen

Es ist wichtig, dass man "Nein" sagt, und es sollte eines der ersten Dinge sein, die man als Minimalist lernen kann. Du musst wissen, wie du nein sagen kannst, um mehr Sachen in dein Haus zu bringen, wie du nein sagen kannst, um Dinge in deiner Wohnung zu behalten, und wie du nein sagst, Dinge zu tun, die du nicht tun willst.

Viele Leute glauben, dass Minimalismus alles über Gegenstände ist, aber das ist es nicht. Es geht um deine Zeit und deinen Lebensstil. Es geht darum, alles zu eliminieren, was nicht deinem höchsten Nutzen dient, und zu lernen, nichts zu sagen, was dir keine Freude bringt. Du willst lernen, wie man Nein sagt und es ernst meint, und niemals auf deine Antwort verzichten. Es gibt nie einen guten Grund, etwas zu tun, das sich insgesamt nicht gut anfühlt.

"Nein" zu sagen kann zunächst schwierig sein, besonders wenn du es nicht gewohnt bist. Je mehr du übst, desto leichter wird es sein. Du solltest zuerst lernen, zu kleineren Dingen nein zu sagen: Einkaufen, Jobs nach Hause bringen, E-Mail-Newslettern beitreten und andere leichter zugängliche Dinge. Wie du dich daran gewöhnt hast und es einfacher für du wird, du kannst anfangen es zu sagen

5. Minimalismus ist eine Reise

Minimalismus ist eine Reise, kein langes Ziel. Du wirst eines Morgens nicht mit einer Trophäe auf deinem Regal aufwachen, weil du Minimalismus erreicht hast. Stattdessen ist Minimalismus ein Lebensstil. Du wirst für den Rest deines Lebens auf deinen minimalistischen Lebensstil hinarbeiten oder bis du nicht länger ein Minimalist sein willst. Aber fürchtet euch nicht, wenn du nicht schon in ihn verliebt bist, finden die meisten Leute, dass sie eine Leidenschaft für Minimalismus entwickeln und es daher einfacher wird, die Reise fortzusetzen, wenn sie weitergeht.

Jeder gute Lebensstil ist eine Reise. Als solches kann du erwarten, dass dein Minimalismus Pfad Höhen und Tiefen, die Ins und Outs, Drehungen und Wendungen und alle Arten von unerwarteten Ereignissen haben wird. Nichts wird wie geplant verlaufen, und in den meisten Fällen ist das die Schönheit des Lebens selbst. Dies sind nur einige der Dinge, auf die du dich während deiner minimalistischen Reise freuen darf.

Zu wissen, dass Minimalismus eine Reise ist, ist sehr wichtig. Es bedeutet, dass du nicht darauf eingehen wirst und denkst, dass du es meistern wirst oder dass es über

Nacht bequemer wird. Obwohl es aus vielen Fähigkeiten besteht, ist es nichts, was du einfach lernen und dann weggehen kannst. Die Balance, die erforderlich ist, um einen minimalistischen Lebensstil zu erhalten, erfordert ständige Wartung, um sicherzustellen, dass du dich deiner Grundbedürfnisse nicht beraubst, oder dass du dich über Dinge hinwegsetzen, die du nicht brauchst. Du wirst dieses Gleichgewicht immer mit Takt, Achtsamkeit und Übung aufrechterhalten müssen. Aber wie bei jeder angenehmen Reise lohnt es sich, wenn du dich dem Prozess verpflichtet fühlst.

Minimalismus ist eine schöne Gelegenheit, etwas über dich und die Dinge, die du liebst, zu erfahren. Du wirst die Fähigkeit erlangen, die Person zu werden, die du sein willst, und du kannst jede Erfahrung machen, die du im Leben haben willst. Der erste Teil der Beherrschung deiner Achtsamkeits-Reise und Dein-Fähigkeiten besteht darin, zu erkennen, dass du sie niemals gründlich lernen wirst. Dann musst du dich konzentrieren und Wege finden, dich auf den Zweck deiner Reise zu konzentrieren. Sobald du hast, wird du bereit sein, jede Erfahrung im Leben zu haben. Das Geld, die Zeit und die Ressourcen werden dir zur Verfügung stehen, weil du deine Prioritäten gerade bekommen hast.

6. Dinge außerhalb der Sicht aufbewahren

Viele Menschen fühlen sich gezwungen, Dinge auf der Theke oder in einem Raum zu lagern, wo du sie ergreifen und dann wieder zurückwerfen kannst. Während dies für das Ergreifen geeignet sein könnte, kann es für den Rest auch unbequem sein. Schließlich führt das Zurückrollen oft zu Unordnung und das Durcheinander ist wahrscheinlich das, was zu einem Minimalismus führt. Das erste, was du tun musst, ist zu lernen, Gegenstände richtig zu lagern.

Im Idealfall möchtest du Dinge außer Sichtweite speichern. In Schubladen, Schränken, ist ein großartiger Ort, um Dinge zu halten, die du nicht jeden Tag verwendest. Dies bedeutet, dass du es nicht ansehen musst, abgesehen davon, wann du es tatsächlich benutzen willst. Der Schlüssel ist, sicherzustellen, dass, wenn du Dinge in diese Orte außerhalb der Sicht zurück organisierst, du sie immer noch organisiert und unter Kontrolle hältst. Du willst nicht, dass sie sich in Unsichtbarkeitsgebieten auffüllen, da dies nur zu mehr Stress führen wird. Platziere sie stattdessen auf eine organisierte und logische Art und Weise. Dies hält alles außer Sichtweite, so dass deine physische Umgebung sauberer ist, und es bleibt alles leicht zugänglich und nutzbar.

7. Kochzeit reduzieren

Viele Menschen mögen es nicht, für längere Zeit zu kochen. Wenn du gerne kochst und regelmäßig kocht, gilt das nicht für dich! Wenn du aber nicht gerne kochst und oft "Convenience" -Elemente isst, die teuer sind und viel Platz benötigen, ist es vielleicht an der Zeit zu lernen, wie man kocht, ohne so viel Zeit damit zu verbringen!

Meal Preping ist eine gute Möglichkeit, eine Reihe von Kochen aus dem Weg zu bekommen, so dass du nicht sorgen musst so viel regelmäßig zu kochen. Du kannst Mahlzeiten für ein paar Tage auf einmal zubereiten, so dass alles, was du tun musst, ist, sie aufzuheizen und zu essen! Eine weitere gute Idee ist die Zutatenvorbereitung. Das bedeutet, dass du die Zutaten vor dem Schälen, Schneiden, Hacken, Schneiden, Würfeln, Würfeln und Lagern so aufbereiten, dass sie leicht zu garen sind. Auf diese Weise, wenn es Zeit ist, sich vorzubereiten, du schnappst einfach genug, um mit zu schmelzen und den Kochprozess zu beginnen!

8. Delegieren

Nicht alles muss von du gemacht werden. Es mag sich anfühlen, als müsste man alles alleine machen, aber die Realität ist, dass du es nicht tust. Du kannst Aufgaben einfach anderswo delegieren, so dass du mehr Zeit hast, sich auf das Du zu konzentrieren und was du tun willst und musst. Wenn deine Familie mit dir wohnt, ist das einfach. Erstelle nur eine Chore-Liste, und jeder hat seine einzigartigen Aufgaben, von denen erwartet wird, dass sie erledigt werden, um das Haus funktionell auf einer täglichen, wöchentlichen und monatlichen Basis zu halten.

Wenn du alleine lebst, kann es auf der anderen Seite etwas schwieriger sein zu delegieren. Es gibt jedoch noch Aufgaben, die du übertragen kannst. Zum Beispiel, wenn du Lebensmittelgeschäfte hasst, kannst du Lebensmittel direkt zu deiner Tür bestellen. Es gibt viele Dienstleistungen, die lokale Lieferung von frischen Zutaten anbieten. Tatsächlich kann du sogar Dienstleistungen finden, die lokal angebaute biologische Produkte liefern, die gesund und praktisch sind. Du kannst auch andere Aufgaben delegieren, je nachdem, was du berechnen möchtest. Manche Leute stellen sogar Zimmermädchen oder Haushälterinnen mit all ihrem freien Geld ein, um sie davon abzuhalten, zusätzliche Arbeit rund um das Haus zu verrichten!

9. Pausen machen

Regelmäßige Technologiepausen sind unerlässlich. Als Gesellschaft verbringen wir eine enorme Zeit mit Geräten. Unsere Bildschirmzeit steigt schnell an und wir merken oft nicht einmal, dass es passiert. Zwischen all unseren einzigartigen Tools kann es leicht sein, Zeit im Online-Bereich zu verlieren. Eine gute Möglichkeit, deine Zeit zurückzugewinnen, ist regelmäßige Tech-Breaks.

Tech-Breaks bedeuten, dass du alle unnötige Technologie für eine bestimmte Zeit weglegst. Du kannst täglich ein paar Stunden pro Tag, eine 24-Stunden-Pause pro Woche oder sogar längere Pausen machen. Genau so lange wie du dich dazu entscheidest, Tech Breaks zu nehmen und wie oft liegt an dir, aber es wird empfohlen, dass du sie häufig nimmst. Dies gibt dir die Möglichkeit, dich daran zu erinnern, wie du Lebensfreude erleben kannst, ohne sich auf die sofortige Befriedigung der Technologie verlassen zu müssen, die oft nicht unserem höchsten Wohl dient.

When it comes to taking tech breaks, du want to eliminate things such as computers, tablets, cell phones, smart watches, televisions and gaming devices. Stuff du need for cooking, fobs to enter dein house or dein car, and other such technology devices are perfectly acceptable to continue using. The benefit comes from reducing and eliminating screen time on a regular basis so that du can stay focused on life itself and all that life has to offer. These breaks are excellent at helping du eliminate technology addictions and reclaim dein time.

10. Soziale Medien aufräumen

Wir verbringen oft viel Zeit mit Social Media. Eine gute Idee ist, Dein Social Media zu bereinigen. In regelmäßigen Abständen sollte du Seiten und Gruppen entfernen, die du nicht magst, Freunde eliminieren, die du nicht gerne hast, und deine Seiten aufräumen, damit sie für dich günstiger sind.

Durch die Bereitstellung erheblicher zeitaufwändiger Informationen in sozialen Medien kannst du dich einer volatilen Umgebung aussetzen. Du hast jedoch eine gewisse Kontrolle darüber, was du siehst und wen du online sieht, was bedeutet, dass du die Möglichkeit hast, es zu einem günstigeren Umfeld für dich selbst zu machen. Du solltest dir regelmäßig Zeit nehmen, deine Social-Media-Accounts aufzuräumen, damit sie so positiv wie möglich bleiben. Auf diese Weise wird jede Zeit, die du für deine Konten in den sozialen Netzwerken verbringst, positiv und praktisch sein.

11. Morgenroutinen

Es gibt viele Informationen darüber, was eine effektive Morgenroutine ausmacht, aber etwas, was man bedenken sollte, ist, dass es keine solide Morgenroutine macht. Unwirksame Morgenroutinen sind praktisch jede Routine, die zu viele Dinge vor sich hat. Am Morgen hast du wahrscheinlich zwei Ziele: wecke in einer positiven Stimmung auf und erwerbe genug Energie, um den Tag vor dem du anzugehen. Jede einzelne Aktivität am Morgen sollte diese Bedürfnisse erfüllen. Wenn du findest, dass du an irgendwelchen morgendlichen Routinetätigkeiten teilnimmst, die für dich nicht vorteilhaft sind, dann solltest du diese Ereignisse von deiner Routine entfernen. Es ist nicht immer notwendig, sie durch etwas anderes zu ersetzen; du musst lediglich eine morgendliche Routine erstellen, die dir dient.

Viele Male wird du lesen, dass eine Routine eine absolute Länge sein sollte oder einige Aspekte enthalten sollte, um produktiv zu sein. Die Realität ist, dass du eine produktive 10-Minuten-Morgenroutine haben kannst, oder du kannst eine produktive 45-minütige oder längere Morgenroutine hast. Die Zeit, die du brauchst, um deine Routine zu vervollständigen und was speziell involviert ist, ist einzigartig für dich, und es sollte nur aus Dingen bestehen, die dir helfen, dich energiegeladen und selbstbewusst über dein Tag zu fühlen. Wenn es nur fünf Minuten dauert, großartig! Wenn du eine Stunde Zeit dafür hast, ist das völlig in Ordnung.

12. Andere Routinen

Es gibt viele verschiedene Routinen an denen du den ganzen Tag teilnehmest. In vielen Fällen legen wir eine Methode fest und überprüfen sie nie, um festzustellen, ob wir die effizienteste Methode verwenden, die uns zur Verfügung steht. Es ist eine gute Idee, routinemäßige Aufgaben regelmäßig zu erledigen, um sie möglichst effizient und effektiv zu machen.

Zum Beispiel, vielleicht du immer den gleichen Weg zur Arbeit, aber aufgrund der Installation von neuen Maßnahmen Verkehr, gibt es eine neue Route, die für dich schneller oder einfacher wäre zu wählen. Vielleicht, weil du deine Routine nie wieder aufsuchst, bist du immer noch auf dem langen Weg zur Arbeit. Jetzt wäre eine gute Zeit, diese Methode zu besuchen und sie zu ändern. Alternativ könntest du das Geschirr immer auch waschen und gründlich trocknen und dann erneut waschen, wenn du direkt lernen könntest, sie effizienter zu stapeln, damit du sie nicht zwischendurch abwischen musst. In diesem Fall kannst du sie nur besser stapeln, sie häufiger waschen und die Aufgabe wesentlich komfortabler machen.

Es ist eine gute Idee, alles, was du täglich tust, zu betrachten, ohne darüber nachzudenken und Wege zu finden, wie du diese Routinen verbessern kannst, um effizienter und effizienter zu werden. Je besser diese Methoden dienen, desto entspannter wirst du in der Lage sein, durch sie zu kommen und den Rest deiner Freizeit damit zu verbringen, dein Leben zu genießen.

Deine Zeit ist wertvoll, und ein wesentlicher Teil des Minimalismus ist es, den Wert in deinem Zeitalter zu erkennen und weise auszugeben. Viele Menschen stellen eine enorme Menge Geld und materielle Gegenstände zur Verfügung und erkennen nicht, wie negativ das alles auf ihre Zeit wirkt, die tendenziell wertvoller ist als Geld oder materielle Güter. Beim Minimalismus geht es darum, den Wert deiner Zeit zu ersetzen und ihn so zu nutzen, dass er dir dient. Du möchtest deine Zeit auf eine Weise verbringen, die effektiv und effizient ist, damit du die

meiste Freude und Positivität aus dem Leben erhalten
kannst.

13. Vergess Perfektion

Etwas, das du lernen musst, ist, dass du die Perfektion
vergessen musst. Perfektion ist etwas, das unser Leben
stressiger macht und es uns schwerer macht, das Leben
selbst zu genießen. Wir verbringen so viel Zeit damit, alles
richtig zu machen, was wir nicht tun können. Die
Anwendung minimalistischer Fähigkeiten auf dein Leben
bedeutet, dass du die Notwendigkeit beseitigst, perfekt zu
sein und du lernst, wie man einfach ist. Natürlich heißt es
nicht, dass du es nicht alles geben musst. Stattdessen
bedeutet es, dass du es einfach dein Bestes gibst und es
dann schätzt.

Über Perfektion zu vergessen und sich auf das Tun zu
konzentrieren bedeutet, dass du mehr in deinem Leben
erreichst. Wenn du deinen Eigensinn loslässt, Dinge ganz
zu tun, gib dir die Freiheit, selbstbewusster und glücklicher
zu sein mit dem, was du erreichst, wenn du es am besten
versuchst. Du nimmst die ständigen Gefühle von
Unzulänglichkeit und Inkompetenz weg und du gibst dir
die Möglichkeit, dich mächtig und selbstsicher zu fühlen.

14. Tu was du liebst

Du solltest üben, Zeit in etwas zu investieren, was du liebst, jeden, einzelnen, Tag. Warten auf Zeit zu genießen, was du Liebst ist nie vorteilhaft, und es kann deine Lebensqualität reduzieren. Wenn du etwas wie jeden Tag machst, hast du die Möglichkeit dein eigenes Leben zu genießen. Du musst nichts Wichtiges tun, aber du solltest wenigstens eine Sache pro Tag machen, um dir zu helfen, das Leben mehr zu genießen.

Einige Ideen, was du tun könntest, schließen ein: Kochen oder Essen einer Mahlzeit, die du magst, einen szenischen Spaziergang irgendwo hin, wo du magst, ein Hobby oder eine Tätigkeit praktizierend, die du magst, oder irgendeine andere Anzahl kleinerer Dinge tust, die du willst. Du könntest auch etwas Wichtigeres tun, wie zum Beispiel irgendwo hinreisen, eine neue Klasse besuchen oder etwas mehr tun, was du tun willst. Es gibt keine Begrenzung dessen, was du tun oder nicht tun kannst, wenn du das was du tust, liebst. Tu es stattdessen nur.

Außerdem sollte du lernen, alles in etwas zu verwandeln, das du mehr genießt. Du magst nicht unbedingt alles lieben, aber du kannst es sicherlich für dich angenehmer machen. Zum Beispiel, anstatt nur das Geschirr zu putzen, siehst du, ob du es in ein Spiel verwandeln und es angenehmer machen kannst. Oder, anstatt nur die Böden zu kehren, setze den Besen in dein Verwandlungsmikrofon und halte ein Hauskonzert für dir. Es gibt so viele Möglichkeiten, alltägliche Aktivitäten in solche zu verwandeln, die du kreativ liebst; Es gibt keinen Grund, jeden Tag damit zu verbringen, banale Dinge aus der reinen Pflicht zu machen.

15. Bewerte deinen Zeitplan

Nehme dir etwas Zeit, um über deinen Zeitplan nachzudenken. Du genießt alles was drauf ist? Ist es erfüllend oder fühlst du dich glücklich? Wenn du mit deinem Programm nicht zufrieden bist, musst du es anpassen, um es deinen Bedürfnissen anzupassen. Wenn es überwältigend ist, finde einen Weg, um es abzuschwächen und mehr Zeit für Entspannung und Frieden zu haben. Wenn dein Zeitplan enttäuschend ist, finde einige neue Aktivitäten, die du deinem regulären Zeitplan hinzufügen kannst. Manchmal hast du vielleicht keinen überwältigenden oder enttäuschenden Plan, aber nur sehr wenig von dem, was darauf ist, leuchtet und macht dich glücklich. Wenn das der Fall ist, solltest du einen Weg finden, mehr hinzuzufügen, der dir mehr

Freude bringt und dich dazu treibt, dein Leben mehr zu lieben.

Dein Zeitplan kann ein fantastisches Werkzeug sein, um mehr Freude zu erleben, oder es kann ein gefährliches Gerät sein, das dein Glück zerstört. Wenn du deinen Zeitplan klug verwalten kannst, kannst du eine unglaubliche Auswahl an Plänen haben, die dir erlauben, deine Verantwortlichkeiten zu kontrollieren und das Leben selbst zu genießen. Im Idealfall möchtest du lernen, wie du deinen Zeitplan auf diese harmonische Weise balancieren kannst.

16. Die Welt erkunden

Die Erforschung der Welt ist ein wertvolles Mittel, um Glück, Freude und Bildung in dein tägliches Leben einzubringen. Natürlich können die meisten von uns nicht jeden einzelnen Tag oder jeden Augenblick die Welt erkunden und erkunden. Ein minimalistischer Lebensstil bedeutet jedoch, dass du viel mehr Freiheit hast, deinen Weg zu erkunden. Mit weniger Kosten und mehr Zeit kannst du alles tun, was du willst. Du solltest das ausnutzen, indem du die Welt erforschst.

Du kannst die Welt um dich erkunden, oder du kannst reisen und anderswo die Welt erkunden. Es gibt keine Begrenzung oder Regeln darüber, was du tun oder tun sollst, wenn du untersuchst. Gehe direkt dorthin, wo dein Herz dich nimmt. Jede neue Erkundung wird dir so viel Wert und Wissen in dein Leben bringen und die meisten werden ein breites Gefühl von Freude und Glück hervorrufen, das dein Leben auf eine Weise bereichert, die andere Lernressourcen nicht erreichen können.

Die Welt ist ein brillanter Ort und eine der Freuden des Minimalismus ist, dass es einfacher für dich ist, die Welt zu erkunden und zu genießen. Ob du wandelst, campierst, fliegst, mit dem Zug reist, durch Länder fährst oder in deinem Hinterhof bleibst, nichts ist besser als die Welt um dich herum zu erkunden und sie besser kennenzulernen.

17. Mach etwas Neues

Hast du dich jemals so gefühlt, als würde die Zeit einfach dahinschmelzen? In einem Moment ist es ein glühend heißer Sommer Tag, und du nimmst einen Eisbecher und im nächsten Moment ist es ein kalter Winter Tag drei Jahre später und du bist an der gleichen Stelle, nun drinkst du nur ein heißes Getränk? Die Forschung legt nahe, dass die Zeit dahin schmilzt, weil wir jeden Tag immer wieder dasselbe machen. Durchschnittliche Personen wachen auf, gehen zur Arbeit, verbringen acht Stunden mit der Arbeit, kommen nach Hause, entspannen sich, gehen ins Bett und machen es dann noch einmal.

Als Minimalist hast du die perfekte Gelegenheit, diesen Zyklus zu durchbrechen und ein Leben zu führen, in dem jeder Tag wertvoll und vielfältig ist und jeder unvergesslich ist und einen Zweck erfüllt, der dir erlaubt, eine glücklichere Version deiner selbst zu sein. Alles, was du tun musst, ist, jeden Tag etwas Neues zu machen. Oder zumindest jede Woche etwas Neues. Du kannst etwas so kleines wie ein originelles Rezept machen oder eine neue Route fahren, oder etwas Substantielleres wie Reisen an einen neuen Ort oder ein neues Hobby. Etwas Neues zu tun bricht das Alltägliche auf und bringt Schwung in deine Routine. Es macht jeden Tag aus und einzigartig von den letzten und von dem Rest, der noch kommen wird. Es macht das Leben spannend und hält Funken. Die Zeit wird etwas langsamer, da jeder Tag nicht ineinander verschmelzen wird, was es schwer macht, es insgesamt zu genießen. Es ist in der Tat eine ausgezeichnete Gelegenheit, die Kontrolle über dein Leben wieder zu übernehmen und zu beginnen, ein Leben zu führen, das du liebst, in vollen Zügen.

18. Bindungen lösen

Wie oft halten Sie sich fest, weil Sie zu ängstlich sind, loszulassen? Oder weil das Loslassen zu unbequem wäre. Diese Beziehungen können zu Freunden, Objekten, Orten oder zu irgendeiner anderen Anzahl von Dingen gehören, an denen du im Leben festhältst. Beziehungen sind üblich, und du wirst niemals deine Tendenz loswerden, Beziehungen zu Dingen in deinem Leben zu schaffen. Es ist jedoch wichtig, dass du regelmäßig dein Leben verdingst und dich von der Beziehung, die dir nicht dient, befreit oder dir kein Freude am Leben bringt..

Loslassen gibt dir die Möglichkeit, die Vergangenheit loszulassen und dich für größere und bessere Dinge zu öffnen. Du hast die Chance, dich zu erfrischen und in deinem Leben Raum zu schaffen. Du hörst auf, dich schuldig oder sogar beschämt um bestimmte Menschen, Orte oder Dinge zu fühlen, und du fühlst dich wieder frei.

Es kann schwierig sein, Bindungen zu lösen, vor allem, wenn wir viel Zeit, Emotion oder Energie investiert haben, um sie zu halten. Der Wert, den du daraus ziehen kannst, dich von diesen Bindungen zu befreien, ist jedoch unermesslich. Denke darüber nach, wie viel verwüsteter du sein wirst, wenn du noch mehr Zeit, Emotionen und

Energie in etwas investierst, das dir dienen wird. Irgendwann wird es herausfiltern, entweder weil es natürlich endet oder weil du es einfach nicht mehr aushalten kannst. Es ist besser, Bindungen zu schneiden, wenn du die Kontrolle hast und die Macht hast, dies auf deinem eigenen Weg zu tun.

19. Verliebe dich in dich selbst

Du bist die einzige Person die jeden Tag mit dir leben muss. Andere werden kommen und gehen. Einige werden für eine lange Zeit dort sein, aber niemand wird jemals sofort für jeden Tag, jede Minute deines Lebens bei dir sein. Nur du wirst sein. Wenn du dir nicht die Zeit nimmst, dich in dich selbst zu verlieben und eine Beziehung mit dir selbst zu schaffen, die du liebst, wirst du nicht viel Spaß im Leben haben.

Sich in sich selbst zu verlieben ist essentiell, und du solltest in jeden Tag investieren. Betrachte es als eine Ehe: Wenn du nicht die Zeit verbringst, um daran zu arbeiten, wird es auseinander fallen. Natürlich wird es Höhen und Tiefen geben, aber du solltest dir immer die Zeit nehmen, sanft zu dir selbst zu sein und dich selbst zu lieben, so als währst du dein eigener Ehepartner. Nur, amüsier dich noch mehr. Du bist wertvoll, du bist es wert, und du solltest immer die Zeit

finden, dich täglich in dich selbst zu verlieben. du verdienst
es.

20. Bewerte dein In-Home Entertainment

Wie viel Zeit verbringst du in deiner Heimat? Für viele von
uns berücksichtigen wir nicht täglich oder sogar
wöchentlich. Wenn das für dich gilt, dann musst du dir
etwas Zeit nehmen, dein Ding zu sortieren und alles zu
eliminieren, was du nicht brauchst. Es gibt keine
Notwendigkeit, Dinge für die Unterhaltung von Gästen zu
halten, wenn du selten Gäste vorbei hast. Dies erfordert
nur, dass du Speicherplatz für etwas benötigst, für was,
was du nicht brauchst, was gegen die fundamentalen
Werte des Minimalismus verstößt. Es ist Zeit für dich,
ehrlich mit dir selbst über dein Unterhaltungsprogramm
zu sein und dein unterhaltsame Dinge zu reduzieren, um
dieses Programm zu reflektieren.

Dein Alltag kann durch Minimalismus erheblich
beeinflusst werden. Wir erleben häufig ein alltägliches
Leben, das unangenehm, unerfüllbar und oft mit
unnötigen Aktivitäten gefüllt ist. Wenn du eine Änderung
in deinem Leben machen willst, musst du minimalistische
Werte jenseits nur deines körperlichen Besitzesa zu
umfassen. Du musst gewillt sein, sie auch anderswo im

Leben anzuwenden, damit du dich von allem befreien kannst, was dir nicht dient und du Freude bringst und ein Leben führst, das tut.

Kapitel 10:
Wie du dein minimalistisches Leben erhältst

Der Erhalt des minimalistischen Lebensstils ist ebenso wichtig wie die Übernahme, und es ist das schwierige daran, ein Minimalistist zu sein. Irgendwann wird es gemütlicher werden, aber am Anfang wird das der schwierigste Teil sein.

Sehe, am Anfang, wenn du alles loswerden und "das Licht am Ende des Tunnels" siehst kann es einfach sein, als Minimalisierer zu fahren. Der kathartische Effekt, klare Räume in deinem Heim und deinem Leben zu sehen, ist so befriedigend, dass du fast auf eine Art "minimalistisches High" kommst, das sich so gut anfühlt. Aber dann wirst du eines Tages in eine Erfahrung rennen, wo du gezwungen wirst, etwas zu kaufen, was du nicht brauchst, oder du wirst nach Hause kommen und erkennen, dass du mehrere Gegenstände nach Hause gebracht hast, die du nicht brauchst. Und du könntest fühlen, als wärst du zurück auf

Platz eins. Dies liegt daran, dass sich die Flitterwochenphase des neuen Lebensstils verändert hat.

Diese Flitterwochen-Phase existiert mit jedem neuen Lebensstil. Es ist oft, was Leute sagen, wenn sie sagen, dass "die Neuheit abnehme". Aber wenn du ein wahrer Minimalistis sein willst, musst du über den Abgang der Flitterwochen-Phase hinaus arbeiten und weiter daran arbeiten, ein Minimalist zu sein. Sonst wirst du am selben Ort enden, an dem du warst, als du anfingst: Entweder starrst du in einen Raum voller Unordnung, der sagt "Ich kann das nicht mehr" oder starrst auf einen vollgestopften Plan voller Unzufriedenheit Verabredungen, die sagen: "Ich kann das nicht mehr tun." Es wird dir nicht dienen, zurück zu gehen, was du bis zu diesem Punkt geschaffen hast.

Rückschläge werden erwartet, und schwierige Zeiten werden passieren. Jeder neue Lebensstil kommt mit einem Punkt, an dem deine Flitterwochenphase endet und das eigentliche Einleben beginnt. Wenn das passiert, hängt davon ab, wie aufgeregt du warst, dein Lebensstil zu ändern und was die Veränderung des Lebensstils bedeutete. Du solltest jedoch erkennen, dass es passieren wird. Wenn dies der Fall ist, wirst du mit Wissen über den

Umgang mit den Rückschlägen ausgestattet werden wollen.

Die Aufrechterhaltung eines minimalistischen Lebensstils wird für kurze Zeit schwierig. Aber irgendwann wirst du durch diese Zeit gehen und es wird einfacher werden. Bald wird es für dich zur zweiten Natur werden und du wirst erkennen, dass der Wert, den du aus dem Lebensstil ziehst, die kleinen Unannehmlichkeiten überwiegt, die du von Zeit zu Zeit in deinem täglichen Leben erfahren kannst. Die folgenden Tipps helfen dir dabei, durch diese Wartungsperiode zu gehen und wird dir beibringen, wie du deinen minimalistischen Lebensstil dauerhaft machen kannst.

1. Nehme eine Shoppings-Pause

Es ist wichtig zu wissen, wann du den Einkauf einstellen musst. Sobald du alles hast, was du brauchst, ist es selten nötig, mehr zu erwerben. Eine solche Aktion wäre ein Konsumismus, kein minimalistischer Lebensstil. Wenn du deinen Minimalismus bewahren willst, musst du regelmäßige Shipping Hiatus nehmen. Kaufe nur, was du brauchst, und verzichten darauf, mehr zu kaufen. Du kannst sogar noch einen Schritt weiter gehen und immer wieder Pausen machen. Zum Beispiel, versuche nicht, Geld für eine ganze Woche auszugeben, nicht einmal für das Essen. Die meisten Menschen können dies schnell tun, indem sie das Essen, das sie in ihrem Kühlschrank aufgebaut haben, konsumieren.

Einkaufsunterbrechungen erinnern uns daran, dass wir nicht mehr ausgeben, was wir nicht ausgeben müssen, und stattdessen in das investieren, was zählt. Außerdem lehren sie uns, anderswo im Leben Freude zu finden, zum Beispiel, wo Geld kein Glück kaufen kann. Es gibt viele Dinge, die du tun kannst, anstatt Geld auszugeben; es braucht nur etwas Zeit, um zu entdecken, was und wie. Mit jeder Shopping-Pause wirst du noch besser, wenn du länger bleibst und immer noch ein erfülltes Leben für die Dauer deiner Pause hast. Betrachten es als ein minimalistisches Spiel!

2. Qualität vor Quantität

Achte beim Einkaufen immer darauf, dass du auf Qualität achten. Es hat keinen Wert, eine signifikante Anzahl von Dingen zu haben, die keinen Wert haben. Stattdessen möchtest du in Dinge investieren, die deinem Leben einen Mehrwert bringen. Kleidung, die hält, Reinigungsprodukte, die gut funktionieren und Möbel, die halten, sind um so besser, als eine beträchtliche Anzahl von Gegenständen zu haben, die auseinanderfallen oder ihre beabsichtigte Arbeit nicht machen.

Eine der vielen Tücken des Konsumismus-Lifestyles ist die "Ich werde es jetzt einfach billig kaufen, damit ich mehr Artikel kaufen kann und dann werde ich es später durch etwas Besseres ersetzen." Schon mal aufgefallen, wie es später nie kommt, und Sachen oft durch billigere Artike ersetzt werden l? Denn du kaufst jedes Mal mit dieser Denkweise. Gehst du stattdessen in die Absicht, mit nichts als dem Besten herauszukommen, das genau zu dem passt, was du brauchst. Wenn du eine Couch brauchst, finde die, die dir Freude bringt, ihren Zweck gut erfüllt und lange hält. Auf diese Weise sehst du dich nicht in ein paar Monaten oder einem Jahr eine weitere Couch kaufen, weil du in eine investiert hast, die frisch aus dem Lieferwagen fiel.

3. Schmeiß die *Sales* hin

Der Verkauf ist ein hohes Konsumverhalten, das man als Minimalist lernen muss. Verkäufe ermutigen uns, mehr Geld auszugeben, als wir wollten, und mehr Gegenstände mit nach Hause zu nehmen, als wir wollten. Sie führen schnell dazu, dass wir eine Menge Unordnung haben, die unser Haus wieder überrennt. Als Minimalist, musst du den Umsatz reduzieren.

Die einzige Zeit, die du einen Verkauf besuchen solltest, ist, wenn du etwas Konkretessuchst und du weißt, dass es im Verkauf sein wird und du die Disziplin hast, hineinzugehen, das zu bekommen wonach du suchst, und zu gehen. Wenn du es nicht tust, solltest du nicht gehen. Es ist gefährlich, mit mehr als du benötigst oder gewollt zu kommen und herauszukommen, denn es führt zurück zum konsumorientierten Lebensstil. Es ist am besten, die Verkäufe insgesamt zu streichen. Zumindest niemals ohne klares Ziel und Plan in eins gehen.

4. Konzentrieren dich auf deinMindset

Dein Denkweise ist der wichtigste Spieler, wenn es um Erfolg in jedem Lebensstil geht. Wenn du einen minimalistischen Lebensstil beibehalten willst, musst du immer wie ein Minimalistischer denken. Suche nach Möglichkeiten, um die Anzahl der schädlichen Anhänge und Bindungen, die du in deinem Leben hast und die Anzahl der positiven zu verbessern. Dies wird dazu beitragen, dass du dich besser fühlst und dein Leben kontinuierlich weiterführst. Deine Denkweise ist immer der wichtigste Akteur, wenn du Erfolg haben wirst in dem, was du dir vorgenommen hast.

Erinnere dich daran, wie ermutigt du wurdest, dir darüber klar zu werden, warum du in Kapitel eins Minimalistin sein willst? Wenn sie aufgeschrieben sind, ist es für dich leicht, regelmäßig an deinem Mindset zu arbeiten und sich auf dem richtigen Weg zu halten mit dem Lebensstil, den du leben möchtest. Irgendwann wird es zur zweiten Natur und du wirst nicht einmal nachdenken müssen: Du wirst von Natur aus nur ein Minimalist sein. Bis dahin, bleibe immer sehr fokussiert auf deine Denkweise und halte sie für minimalistisch.

5. Weiter üben

Minimalismus ist eine Reise, wie du schon gelernt hast. du musst immer bereit sein, weiter zu üben. Es wird Zeiten geben, in denen du einen Schluckauf hast und du mehr ausgibst, als du solltest, oder du mehr nach Hause bringst, als du beabsichtigt hast. Du wirst immer noch die Reue des Käufers erfahren und wünschen, du hättest dein Geld für etwas anderes ausgegeben. Du lebst und du lernst, der Minimalismus wird dir diese Lebensregel nicht nehmen. Der wichtigste Punkt ist jedoch, dass du weiter praktizierst. Je mehr Praxis als Minimalist und ausgewogen in deinen Lebensstil, desto mehr Erfolg wirst du haben. Nichts kommt leicht, nicht einmal wenn du es natürlich kommen lässt.

6. Finde Inspiration

Halte deine Fähigkeit, als Minimalist funktional zu bleiben, musst du lernen, wie du Inspiration finden kannst, um mit deinem Lebensstil auf Kurs zu bleiben. Inspiration kann an vielen Orten gefunden werden, von Social Media bis zu Magazinen und sogar in der lokalen Minimal-Community.

Inspiration kann in vielen Formen kommen. Du magst inspiriert sein, die Menge an Dingen zu reduzieren, die du benutzt, ermutigt, neue Wege zu finden, Dinge zu benutzen, die du hast, und dich ermutigt fühlen, das Leben komfortabler zu leben. Vielleicht wwirst du dich inspiriert fühlen, deine Freizeit auf eine bessere Weise zu verbringen, die es dir ermöglicht, dein Leben zu genießen. Inspiration zu finden ist für dich ein wesentlicher Weg, um weiterhin glücklich zu sein, das Leben zu genießen und als funktionaler und erfolgreicher Minimalist zu leben.

7. Mach minimalistische Freunde

Als minimalistisch kann es schwierig sein, Zeit mit den Verbrauchern zu verbringen. Während du wahrscheinlich andere Menschen nicht für ihre Art zu leben verurteilen, kann es schwierig sein, das Leben so zu bezahlen, wie du es ausgeben möchtest. Meiste Zeit haben die Konsumenten nicht genug Geld, um das Leben so zu führen, wie es Minimalisten tun. Sie möchten vielleicht auch Zeit mit Einkäufen verbringen und ansonsten Geld für Dinge ausgeben, die nicht mehr so viel bedeuten. Zeit mit solchen Leuten zu verbringen kann hart sein.

Während du deine Freunde nicht loslassen musst, kann es nützlich sein, neue minimalistische Freunde zu gewinnen. Du willst menschen finden, die mit den gleichen werten leben wie du und die dir entlang des minimalistischen weges helfen können. Mit anderen Minimalisten befreundet zu sein, gibt dir die Möglichkeit, mit jenen befreundet zu sein, die dir helfen können, deinen Weg weiterzugehen, deine Werte zu erkennen und deine Motive zu verstehen und das Leben mit dir auf eine Weise zu genießen, die dein Leben bereichert.

8. Koste das Leben voll aus

Einer der wichtigsten Gründe, warum Menschen zum Minimalisten werden, ist, dass sie das Leben in vollen Zügen genießen können, ohne die Rückstände von materiellen Habseligkeiten und den damit verbundenen Kosten. Du kannst einfach kein Minimalist werden, wenn du dein Leben nicht in vollen Zügen genießen wirst. Der beste Weg ist, sicherzustellen, dass du jeden einzelnen Tag umarmen und die maximale Freude daraus bekommen kannst, die du möglicherweise kannst. Je mehr du jeden Tag genießt, desto befriedigender und erfüllender wird deine lebenslange Reise.

Im Leben geht es um Freude, Unterhaltung, Zufriedenheit, Wachstum, Lernen, Erkunden und vieles mehr. Es ist wichtig, dass du lernst, diese Eigenschaften zu nutzen und sie in dein tägliches Leben einzubringen. Je mehr du dein Leben genießt, desto mehr wirst du genießen, wer du bist und dich in deinem Leben erfüllt fühlen.

Auch Menschen, die das Leben wirklich genießen, sind weniger geneigt, das Geschäft zu belasten und deshalb werden sie das Leben in vollen Zügen genießen. Es kann leicht sein, gestresst zu sein und in die Läden zu gehen, um jede Krankheit zu beheben, mit der sie sich gerade beschäftigen, was als "Einzelhandelstherapie" bekannt ist. Die Realität ist jedoch, dass Einzelhandelstherapien schädlicher als positiv sind. Die Behandlung im Einzelhandel führt zu ausgegebenen Geld, das du nicht ausgeben wolltest, was dazu führen kann, dass du weniger bezahlst für das, was du brauchst, und deshalb weiter gestresst wirst. Wenn du eine Änderung vornehmen willst, musst du lernen, die Verwendung von Einzelhandel Therapie als deine Quelle zu stoppen, die deinen Stress in Schach halten. Das Leben in vollen Zügen zu genießen, kann helfen, genau das zu tun.

Deinen minimalistischen Lebensstil zu bewahren ist nicht so schwer wie es scheint. Es gibt viele natürliche Wege, wie du deinen Lebensstil in Schach halten kannst, ohne jemals das Gefühl zu haben, du hättest nichts oder du hast weniger als andere. Tatsächlich sind die reichsten Menschen diejenigen, die sich mit dem, was sie bereits im Leben haben, wirklich zufrieden fühlen. Wer mehr will, wird es wahrscheinlich nie durch den Kauf von immer mehr Habseligkeiten finden. Die Reise nach innen ist der einzige Weg, um reine Befriedigung und Erfüllung zu finden. Wenn du also lernst, das zu sehen, dann verliert plötzlich alles von deinem materiellen Besitz eine so große Bedeutung im Leben. Es wird viel einfacher, deinen

Lebensstil zu erhalten, und in der Tat wird es so tief erfüllend, dass du wahrscheinlich niemals darüber nachdenken wirst, anders zu leben.

Denke daran, Minimalismus ist eine Reise, und du wirst Höhen und Tiefen haben. Du magst dich immer noch an alte Gewohnheiten halten, die du seit vielen Jahren entwickelt hast. Das ist in Ordnung und völlig normal. Sei sanft zu dir selbst, lerne daraus und finde einen Weg zurück in die Welt des Minimalismus. Schließlich wird es viel leichter zugänglich sein, Impuls-Shopping zu stoppen, bevor es überhaupt beginnt, so dass du deinen minimalistischen Lebensstil mühelos und ehrlich aufrechterhalten kannst.

Fazit

Danke nochmal für den Kauf dieses Buches!

Ich hoffe, dieses Buch konnte dir helfen, einen minimalistischen Lebensstil anzunehmen.

Der nächste Schritt ist, den diskutierten Strategien in diesem Buch zu folgen.

Wie Du dein Haus Aufräumst

— — — — — ⸙⸙⸙ — — — — —

100 einfache Tipps und Aktionspläne zur Revolution des Aufräume-Mindsets

Chloe S

Einleitung

Nehme dir dies vor Augen: Deine Zeit und wie du dich dazu entscheidest, sie zu benutzen, ist so ziemlich dein Leben. Wenn dein Haus und somit dein Schloss dich nicht bei deinen Passionen unterstützt oder dir als Rückzugsort von der wilden und verrückten Außenwelt dient, dann verschwändest du deine Zeit.

Wer sagt, dass das "Esszimmer" ein Esszimmer sein, wenn du nie formal Gäste unterhältst? Warum änderst du es nicht in eine Bibliothek, einen Musikraum oder sogar ein Bootmodel Zimmer, wenn das besser zu deinen Hobbys passt?

Was wäre, wenn du einen Scrapbooking gewidmeten Bereich hättest? Ich stelle mir darunter ein ordentlichen, glänzenden Bereich vor, der immer stets bereit zur Verfügung ist, wenn die freie halbe Stunde mal auftaucht.

Würden das nicht deine kreativen Sinne besser erfrischen, entspannen und erfüllen, als für eine halbe Stunde vor dem Fernseher zu hocken, oder ohne Grund durch das Haus zu laufen und dir die an falsch stehenden und nutzlosen Objekte anzuschauen?

Habe keine Angst davor, dir deine Zimmer im anderen Licht vorzustellen. Deine Zimmer sind dafür da, dir zu dienen und müssen nicht irgendeinem veralteten Flurplan entsprechen.

Ich habe zwei Frauen bei einem Meeting dabei überhört, wie sie sagten: "Wir müssen uns selbst nur organisieren um diese Bücher geschrieben und veröffentlicht zu kriegen...." und eine Glühbirne ging in meinem Kopf an!

Ich dachte mir, "Das ist es!! Du bist nicht einfach organisiert, um organisiert zu sein; sondern du wirst organisiert um Sachen zu machen!!"

Nimm Teil an Hobbys, denen deinen Passionen und Projekten zustimmen. Organisation ist da um dir zu dienen, nicht um dich zu kontrollieren.

Stelle dir Folgendes vor: Es ist ein freier Samstag und dein Zuhause ist bis zum Millimeter organisiert. Keine losen Enden, um die du dich schlecht fühlen musst. Was machst du an diesem Samstag, um ihn in vollen Zügen zu genießen? Wie könntest du das auch jeden anderen Tag machen? Les weiter!

Warum aufräumen?

Sobald du dies hier in kraft setzten lässt, wirst du für das Beste in deinem Leben organisiert sein!

Der erste Tipp ist der wichtigste: entrümple deine Schuldgefühle zuerst. Deine Schuldgefühle werden von einer Nummer von gezwungenen Einflüssen ausgelöst. Die Frugalität nach der Depressions-Ära oder der Konsumismus (der Nebenbei auch die Antwort zu unserer Kriegs-zerrissenen Ökonomie ist) der Nachwelt des 2. Weltkrieges oder die überschwängliche menschliche Tendenz, mehr Projekte anzunehmen, als wir eigentlich komfortable meistern können.

Aber weißt du was? Das interessiert niemanden. Hab etwas Spaß beim Analysieren, aber versteife dich nicht zu sehr darauf. An dem Zeitpunkt, wo du es herausfindest, könntest du schon längst den Flurschrank UND die Garage sortiert haben!

Der zweitwichtigste Tipp ist dieser: Unterschätze nie den Wert des Entrümpelns und Organisieren. Die Zeit die du damit verbringst, die ganze Unordnung zu beseitigen und das was übrig bleibt, so zu organisieren, dass du alles in weniger in einer Minute griff bereit hast, wird dich 100 mal zurückzahlen.

Diese 5-6 Stunden in der Woche, die wir dabei verbringen, nach Sachen zu suchen, die wir nicht finden können, sind ca. 55 Minuten die wir jeden Tag verlieren. Auch wenn du für diese 55 Minuten am Tag nichts "besseres zu tun hast", als in die Luft* zu starren, garantiere ich dir, dass dein Leben besser, ruhiger, mehr fokussiert und produktiv sein wird!

Studien erwiesen, das der beste Weg um Stress loszuwerden, das Ausräumen eines Schrankes ist! Dem Gefühl von Energie und Leichteichkit, was ich bekomme, nachdem ich einen Schrank ausgeräumt habe, sogar wenn es ein Schrank von einen meiner Klienten ist, nach zu beurteilen, ist das sicherlich wahr. Es ist ein Geschenk, das immer wieder gibt, denn jedes Mal wenn du wieder zu Schrank schaust, kommt das Gefühl wieder.

Unbewegte Sachen ziehen uns mehr runter als du vielleicht glauben magst, aber du wirst es sofort bemerken, sobald du alles ausgeräumt hast.

Stell dir vor dein Arbeitsplatz oder dein komplettes Zuhause wäre genau so aufgeräumt wie dieser Schrank!

* In das Leere starren ist eine Form der Meditation, was sehr produktiv ist...

Wenn du einen Leitfaden hast, während du etwas machst, macht es diese Aktivität so viel einfacher. Das gleiche gilt auch für das Entrümpeln. Diese ganze Übung wird mit dem folgenden Leitfaden ausgeübt; sie sind grundsätzlich die Regeln des Spieles.

Lass uns sie angucken.

Leitfaden 1 – Visualisiere

Male ein klares Bild des Ergebnisses in deinem Kopf. Dieses Bild wird das klare Ziel werden, was du am Ende dieser Aktivität erreicht haben willst.

Leitfaden 2 – Geld

Stelle dir am Ende außerdem das Ziel, etwas Geld zu machen. Geld ist der beste Motivationsfaktor. Es ist ein außergewöhnliches Mittel, das dich zu Plätzen bringen kann, oder dir und deiner Familie bei den Haushaltskosten und täglichen Ausgaben helfen kann. Du könntest damit auch etwas Geld zu deinen Ersparnissen und Notfall ausgaben legen!

Leitfaden 3 -handel

Gedanken werden dich dazu bringen, darüber nachzudenken, aber du musst handeln damit es passiert. Einfach gesagt, die Definition von Kraft, ist "die Fähigkeit zu handeln".

Leitfaden 4 - Organisiere

Die Artikel, die du entrümpelst müssen in 5 Haufen sortiert werden. Es gibt einen Bedarf zur strategischen und systematischen Methode zum Entrümpeln, welches nicht so viel Zeit beansprucht, dir aber auch ermöglicht, mehr spezifisch und detailliert mit deinem Plan umzugehen.

Alles was du für das Entrümpeln brauchst:

- Du wirst Mülltüten, Boxen, Stifte, Staubwischer und eine Schere brauchen.

- Beginne die Boxen zu markieren (wie in Kapitel 6: 5 Haufen ausgelegt)

- Bereite einen Timer vor und stelle ihn für die korrespondierende Zeit, die gebraucht wird (Kapitel 5: Leitfaden 3; Handele")

Entrümpele so schnell wie möglichst und nehme nicht mehr Artikel, in den angriff, die du theoretisch während dieser Periode wegräumen könntest. Das bedeutet, gehe zu einer Stelle, einen Raum, einen Schrank, eine Schublade oder ein Gegenstand zuerst. Mache nicht alles auf einmal! Entrümpeln soll ein spaßiger und inspirierender Prozess den du liebend-gern wieder und wieder machen würdest.

Jetzt, da du die Plastiktüten und Boxen vollständig präpariert, bevor du mit dem entrümpeln angefangen hast, könntest du mit dem Entrümpeln anfangen, indem du einen alten Wischmopp nimmst und die Stelle sauber machst und die Sachen wegbringst, wo du dich dazu entschieden hast, die nicht dort hingehören. Markiere die Boxen mit dem Inhalt wo du hineinlegst.

Sobald der Timer aufhört, musst du dich selbst zusammenreißen und die Mülltüten und Boxen wegräumen damit du dich um andere Sachen in deinem Leben auseinandersetzen kannst. Aber vergesse natürlich nicht, alle diese Tüten auszuschütten, damit du sie in deiner nächsten Session vom ENTRÜMPELN benutzen kannst. Finde heraus wie schnell du das alles machen kannst!

Leitfaden 5 – Digitalisiere

Finde eine Stelle in deinem Haus für Papier was schnell zur Unordnung führt. Der Grund dafür ist, dass wir sie gerne überall liegen lassen, auf dem Tisch, Stuhl, Bett, das obere von Schubladen und Schränken, oder sogar im Auto. Es ist überall verteilt. Manchmal werden unsere Papierhaufen größer und größer, weil wir keine gute stelle zum verstauen haben.

Wir könnten einfach Ordner mit Etiketten erstellen, die die wichtigsten Rechnungen und andere Papierarbeiten trennen und sie in einen einzigen Bereich platzieren, der nur für diesen Zweck bestimmt ist. Ein solches System muss nicht unbedingt perfekt sein. Sondern behalte zusätzliche Ablageordner und Etiketten, nur für den Fall, dass du eine neue Datei erstellen musst. Ich beziehe mich auf die Papierkopien deiner Papiere und Dokumente. Es gibt jedoch noch eine weitere gute Möglichkeit, deine Papiere und Haus wieder in Ordnung zu bringen.

Neben der Kreierung einer Datei-Box, ist eine weitere perfekte Strategie die Digitalisierung. Wenn du Post, Schulpapiere, Quittungen, Handbücher, Notizen, wichtige Flyer bekommst, könntest du alles durch eine digitale Speichermethode scannen und speichern lassen. Diese winzige Veränderung könnte Wunder wirken und deine Unterlagen verändern. Dies wird dir dabei helfen, eine beträchtliche Anzahl von Artikel zu behalten, ohne sie entsorgen zu müssen, da es sich um einer unordnungsfreien Speichermethode handelt.

Leitfaden 1 - Visualisiere

Beginne dies am Anfang deines Weges.

Wie ich bereits sagte, solltest du das Ergebnis im Kopf haben, dann weißt du, wo du hin willst. Außerdem ist dies der angenehmste Weg den Prozess zu starten, da du dir bereits vorstellen kannst, wie das Endergebnis aussehen wird.

Wenn ich mein Zuhause oder meinen Arbeitsplatz entrümple, nehme ich mir ein paar Minuten Zeit, um das Zimmer zu betrachten und darüber nachzudenken, wie es später aussehen soll. Ich stelle Fragen wie: "Was sind die wichtigsten Möbelstücke? Was gehört nicht in diesen Bereich? Was muss hier und dort platziert werden? Liebe ich diesen Gegenstand? Habe ich es in den Jahren zuvor benutzt? Ist es Müll? Ich habe wahrscheinlich einen ähnlichen Gegenstand, der besser ist? Soll ich zwei gleiche Gegenstände auf einmal aufbewahren? Hat dieser Gegenstand einen sentimentalen Wert? Oder bringt es mir jedes Mal das Gefühl von Schuld und Traurigkeit, wenn ich dieses besondere Zeug sehe?"

Visualisiere, wie der Raum aussehen wird, wenn er nicht überladen ist und dir hilft zu überdenken und zu planen, was als unwesentlich betrachtet werden muss und alles was in kürzester Zeit entfernt werden muss. Visualisieren hat tatsächlich Wunder für mich bewirkt und ich hoffe, dass es das Gleiche für dich tun wird. Ein weiterer weiser Tipp ist, dass du dein Zuhause mit allem ausräumst, was dich verärgert, schuldig oder traurig macht und nur das behältst, was dich glücklich macht! Wenn du etwas nicht liebst und es nur eine Wunde in deinem Auge ist, werfe es weg! Es könnte von jemand anderem geliebt werden.

Denke zum Beispiel an einen Container, doch bevor du ihn öffnest, stellst du dir vor, was darin sein sollte. Dann, sobald du es öffnest, entfernst du alles, was du dir nicht vorgestellt hast. So einfach ist es.

An manche dinge wirst du dich erinnern, weil du ein negatives Gefühl bekommst, wenn du es siehst. Da schlage ich dir auch vor diese vom Behälter zu entfernen. Sobald dies geschehen ist, wirst du ein klares Bild in deinem Kopf haben, was in dem Behälter sein sollte.

Benutze das oben erwähnte auf den Bereich an, für den wir Entrümpeln.

Aber es gibt etwas, das du immer im Kopf behalten musst

"Entsorge keine Gegenstrände, die genutzt gebraucht werden!!"

Das letzte, was du tun willst, ist zu bereuen, dass du etwas weggeworfenen hast, nur weil du es übersehen hast.

Du könntest auch eine Unordnungsfreie-Zone, die auf einer Theke, ein Teil deiner Couch, ein Küchentisch oder Arbeitstisch ist. Befreie diesen Bereich von jeglicher Unordnung und mache dir selbst die feste Regel, dass nichts an dieser Stelle platziert werden darf, die nicht wichtig ist. Alles in diesem Bereich muss geräumt und weggeräumt werden. Du kannst dies jeden Tag langsam erweitern, bis dein ganzer Kammbereich sich durch das ganze Haus ausgebreitet hat und du verstellst, dass du das ganze Haus in kürzester Zeit entkleiden könntest.

Hier ist noch eine lustige Tatsache, wenn es Tage gibt, an denen du nicht Lust hast, noch neben der Arbeit ein großes Entrümpel-Projekt zu starten, dann kannst du es sogar am Wochenende planen und deine Familie und freunde involvieren. Je mehr helfende Hände, desto besser. Du entwirrst nicht nur, sondern es dient euch auch als Bindeglied mit denen, die euch am nächsten stehen, während du ihnen beibringst, wie ein organisierten und unzerstörten Lebensstil führen können.

Tipp! - Du kannst sogar ein grobes Bild zeichnen, wie deine aufgeräumten Räume aussehen sollen. Dies wird dich weiterhin zum entrümpeln motivieren, da du ein klares Bild davon hast, was dich anstrebt.

Leitfaden 2 - Geld

Wie ich bereits sagte, ist dies der beste Motivationsfaktor.

Betrachten dies als einen Anreiz, den du bekommst, indem du das ganze ungenutzte Zeug entwirrst.

Pause für ein bisschen und tue dies. Visualisiere all die Dinge, die du nicht benutzt hast, aber von jemand anderem in der Mitte deines Wohnzimmers benutzt werden kann. Für jeden Artikel stelle dir Geldscheine, die ihrem Gebrauchtwert entsprechen, vor. Tu dies für alle Artikel. Am Ende hast du ein Bündel Geld in der Mitte deines Wohnzimmers.

Du könnten denken, du hast mehr für diese Gegenstände bezahlt als die Menge, die du bekommst, und ich stimme völlig zu. Aber denke daran, dass "etwas immer besser ist als nichts".

Das Geld, das du durch den Verkauf dieser Materialien verdienst, kann dazu verwendet werden, etwas Nützliches für dich zu finanzieren.

Wo verkaufe ich dieses Zeug?

Nun, du könntest einfach mit deinen Freunden und deiner Familie beginnen, vielleicht haben sie einen nutzen für die Sachen, die du nicht mehr brauchst.

Oder sonst würde es ein Flohmarkt tun. Wenn du es vorziehst, online zu verkaufen, sind die folgenden Websites die beliebtesten, um gebrauchte Artikel zu verkaufen.

1. www.ebay.com

2. www.amazon.com

3. www.craigslist.org

4. www.gumtree.com

5. www.etsy.com

Du kannst sogar eine Kombination aller dieser Modi verwenden. Es gibt keine feste Regel, alles, was für dich funktioniert, ist in Ordnung. Aber stell sicher, einen Modus zu verwenden, in dem du dieses Zeug für das höchste Angebot in der kürzesten Zeit verkaufen kannst.

Darüber hinaus sind Social-Media-Websites wie Facebook, Twitter, Instagram, Pinterest leistungsstarke Tools, um ein Publikum oder Kunden, die Interesse am

Kauf deiner Sachen haben und helfen dir, in kürzester Zeit frei von Unordnung zu sein!

Eine andere brillante Idee ist es, eine Blog-Site über Wordpress.com oder Blogger.com zu erstellen, indem du Geschichten und Erzählungen schreibst, um durch die Verwendung von Werbung Bildern und Grafiken attraktiver zu machen. Du wirst nicht nur zusätzliches Geld und Profit verdienen, sondern wirst auch Spaß daran haben, deine kreativen Säfte fließen zu lassen, indem du diese Web-Tools erstellst, die temporär oder permanent verwendet werden können, wenn du in der Zukunft mehr verkaufen möchten . All dies könnte auch multifunktional sein, wenn ein Freund von dir gerne entwirren würde, könntest du auch dazu verdienen, indem du ihm erlaubst, seine persönlichen oder Haushaltsgegenstände über deine Seiten zu Posten und ihnen zu helfen, ein organisiertes Leben zu führen.

Während einige deiner Sachen als "pre-loved" oder "second hand" kategorisiert werden und immer noch einen Verkauf wert sind, werden all deine anderen Dinge, die die Leute nicht kaufen würden, möglicherweise noch im Trödelladen verkauft. Daher wird Geld aus deinen zusätzlichen Dingen gemacht, denn was für dich Müll ist, ist eigentlich ein Schatz für andere.

Leitfaden 3: Handele

Es gibt ein altes Sprichwort, dass "ein Plan ohne Aktion ein Traum ist, der verschwendet wird". Dieser Grundsatz gilt für alles im Leben. Ich habe diesen Fehler selbst für so viele Dinge in meinem Leben gemacht und das Entrümpeln war einer von ihnen.

Die vorherigen zwei Richtlinien, die ich dir gezeigt habe, sind Richtlinien, um die richtige Einstellung zu haben, diese Übung fortzusetzen und zu beenden, aber diese Richtlinie macht es anders und einzigartig, mit dem Endziel, den Plan zum ENTRÜMPELN zu erreichen.

Vielleicht hast du Entrümpeln schon einmal probiert oder es könnte das erste Mal sein, dass du es praktizierst, aber egal in welcher Situation, es gibt eine einfache Sache, die du dir merken solltest. Du musst eine bestimmte Zeit des Tages zum Entrümpeln zuweisen und du musst während dieser Zeit entrümpeln. Wenn ich dir in dieser Zeit noch etwas näher erläutere, müsst du zehn Dinge, die du nicht benötigst, im zugewiesenen Bereich deines Hauses loswerden.

Du hast möglicherweise den Zweifel, dass du nicht zehn Gegenstände hast, um an diesem Ort loszuwerden. Zum

Beispiel, wenn du mit demm Schlafzimmer angefangen hast, gehst du durch alle Gegenstände, indem du versuchst, 10 Gegenstände zu finden, die du loswerden musst. Wenn du 10 Gegenstände nicht findest, die du nach dem gründlichen Durcharbeiten loswerden musst, dann ist das in Ordnung, aber denk daran, wenn du einfach nur durchgeschaut hast und keine 10 Gegenstände gefunden hast, dann ist die Übung sinnlos, einfach weil die Unordnung von den Gegenständen, die du übersehen hast, noch in deinem Schlafzimmer.

Die andere Seite der Medaille ist nicht 30 Minuten. Ich verstehe, du hast eine Menge Verpflichtungen und sind auf Zeit gedrückt. Das ist natürlich. Wir alle haben dieses Problem. Aber das kann kompensiert werden, indem man zwei 15 Minuten Zeitfenster oder drei 10 Minuten Zeitfenster innerhalb des Tages ausgibt. Du könntest dies sogar in zwei Tage mit nur 15 Minuten pro Tag aufteilen. Wie auch immer, stelle sicher, dass du 30 Minuten auf einem Gebiet verbringst. Du denkst vielleicht, dass das zu viel Zeit zu verbringen ist. Aber es gibt einen großen Grund dafür; Der einfachste Grund ist, dass du das Zeug hart durchgehen musst. Die Verpflichtung, dies nur für ein paar Minuten jeden Tag zu tun, klingt nicht so schwer.

Entrümpeln könnte Spaß machen und produktiv sein, wenn du sich dazu entschlossen hast.

Stelle dir das mal vor, wenn du einen Aktenschrank mit einer großen Menge von Dateien hast, die alte Dokumente enthalten, die du nicht brauchst, könntest du einfach annehmen, dass sie praktisch nutzlos sind und du sie einfach wegwerfen könntest, aber in einem Fall, in dem einige hart sind Glücklicherweise enthielt es ein wichtiges Dokument, das du entsorgt hast, dann gibt es keine Möglichkeit, dass wir es zurückbekommen. Das ist die harte Wahrheit, der wir uns stellen müssen. Dies ist eine Reinigungsübung, die wir mit großer Sorgfalt durchführen müssen.

Es wurde gesagt, dass dies eine durchschnittliche Zeitspanne ist, die nach dieser Übung für viele Male entschieden wurde. Wenn du nicht so viel Zeug hast und gründlich durch einen Bereich gegangen bist, dann bist du völlig frei, um zum anderen zu gehen. Schwierig durchzukommen ist die Hauptregel des Entrümpel-Spiels.

Der Schlüssel hier ist es, einen Schritt nach dem anderen zu machen, du könntest dein eigenes Tempo haben, wenn du all dies ausführst, abhängig von deinem verfügbaren Zeitplan. Dann brich den Schwung nicht ab. Setze die

Gewohnheit fort, jeden Tag für ein paar Minuten zu entrümpeln. In diesem Buch geht es darum, dir dabei zu helfen, Ergebnisse zu erzielen, die dazu beitragen, dass das Entwirren eher wie ein Hobby als wie eine Aufgabe aussieht.

Leitfaden 4: Organisiere

Das hier wird den Vorgang ganz simpel gestalten.

Erstelle 5 Haufen wie folgt:

1. Müll

2. Verkaufen

Spenden

4. Unsicher

5. Behalten

Es ist eine einfache und grundlegende Aufgabe zwei 15 Minuten-Zeitschlitze oder drei 10 min Schlitzen im Laufe des Tages zu verwenden oder die andere Möglichkeit dies auf zwei Tage mit nur 15 Minuten pro Tag zu spalten, Ortung der Gegenstände, die zu einem der fünf Pfähle gehören würden. Für einen Tag könntest du nach 10 Artikeln suchen, die du wegschmeißt, 10 Gegenständen zum Spenden oder 10 Gegenständen zum Verkaufen. Dies ist ein wirklich lustiger und einfacher Weg, um sofort mindestens 30 Gegenstände in deinem Haus zu organisieren. Oder mache dies zu einer Herausforderung für andere Mitglieder der Familie, damit sie auch am Prozess des Entrümpelns teilnehmen können.

1. Müll

Dies sind buchstäblich all die nutzlosen Gegenstände, die du im Haus oder Büro hast.

Einige Beispiele dafür sind alte Quittungen, Altpapier, altes Spielzeug, abgenutzte Kleidung, rostige Möbel oder Haushaltsgegenstände, unbrauchbares Handwerk, alte Verpackung usw.

All diese müssen ohne jede Gnade in den Mülleimer gehen.

Dabei findest du ein paar Dinge, die du als Souvenirs aufbewahrst, zum Beispiel eine Packung Schokolade, die du mit einem engen Freund hattest. Wenn dies der Fall ist, setze alle zusammen und übertrage sie auf den Stapel. Aber denke daran - wenn du dies für etwa 100 Wrapper oder andere Souvenirs tust, musst du wirklich umdenken. Sonst wird der ganze Prozess umsonst sein.

Während wir mit unserem Projekt des Entrümpelns beginnen, während du einsammeln und vor dem Abladen, könntest du eine unserer einfachen Techniken nutzen, um einen Müllsack aus Plastik, einen großen Müllsack oder eine Schachtel zu organisieren, um alles zu organisieren, was du als Müll betrachtest und platziere es an einer Stelle des Hauses, wo es leicht zu sehen ist, und in deiner Armlänge zusammen mit all den anderen vier Pfählen ist, bevor du wegwirfst oder verkaufst. Während viel von dem, was du sammeln wirst, Abfall ist, könnten diese Behälter auch als eine Tasche für guten Willen oder sogar Werbegeschenke für später verwendet werden.

2. Verkaufen

Dies sind Gegenstände, die für dich nicht mehr nützlich sind, aber für eine andere Person nützlich sein könnten und für einen vernünftigen Gebrauchswert verkauft werden könnten. Als ein Beispiel könnten wir Kinderbücher oder Jugendbücher nehmen, die du nicht mehr liest, aber eine andere Person in diesem Alter oder die Geschwister in diesem Alter interessiert. Andere Gegenstände, die im Hof verkauft werden können, sind Kleidung, Planer / Zeitschrift Notizbücher mit immer noch genug Platz zum Beschreiben, Spielzeug, Haushaltswaren, Möbel, die man später neu streichen könnte, Kunst- und Handwerksmaterialien, die man schon so lange benutzt und nicht benutzt hat, Stühle, Tische und Gadgets wie Handys, Fernseher oder DVD-Player. Du wirst niemals die coolen Sachen verkaufen, die andere Leute attraktiv finden würden. Einige Leute sammeln Sammlerstücke und

Vintage Arts and Crafts Goodies. Wenn du etwas davon hast, wird dies riesige Geldbeträge auf dem Markt oder sogar über das Netz verkaufen. Dein Durcheinander ist der Schatz eines anderen!

3. Spenden

Dies sind Gegenstände, die du kostenlos oder mit anderen Worten für wohltätige Zwecke verschenken möchtest. Aber denke daran, dass dies Dinge sein müssen, die jemand nutzen kann. Wenn du das nicht tun, ist es so, als würdest du deinen Müll im Garten eines anderen abladen. Wenn die Gegenstände den Spenden-Test nicht bestehen, indem sie sich in einem nicht nützlichen Zustand befinden, bringe sie auf den Müllhaufen.

Du musst nicht unbedingt verkaufen und spenden, ist auch deine Wahl. Wenn Geld wichtiger ist, ist Verkauf die Handlung, die man ergreifen muss und umgekehrt. Aber einen Punkt zu beachten ist, dass es immer besser ist, wenn jemand diese Gegenstände benutzt, wenn sie wertvoll sind, als einfach zum Müllhaufen zu gehen.

Du könntest Colleen Madsens Idee bei 365 Less Things ausprobieren, wo sie jeden Tag einen Artikel verschenkt. Dies ist eine fabelhafte und brillante Methode, um zu entrümpeln und in den letzten Jahren hat sie ihre Sachen reduziert und sogar andere Menschen glücklich gemacht, indem sie coole Sachen gespendet hat, anstatt auf den Müll zu werfen und sogar neue Freunde auf dem Weg gefunden hat. Nichts geht über einen fröhlichen Geber!

Wenn deine "Spenden" -box voll ist, versiegel sie sofort und lege es in dein Auto, damit du das nächste Mal, wenn du aus dem Haus gehst, diese an deinen örtlichen Secondhandshop-Läden spenden kannst. Denke immer daran, dass du Unordnung beseitigst und nicht in einen anderen Teil des Hauses verlegst. Dies wird definitiv unseren Zweck für das Decluttering besiegen! Werde es los! Nachdem du eine Schachtel gefüllt hast, holen eine neue Schachtel und fahre mit dem Entrümpeln fort.

4. Unsicher

Dieser Stapel wird ein großer Stapel sein, wenn du das zum ersten Mal machst, wirst du viele Gegenstände haben, die du nicht sicher aufbewahren oder verschenken oder wegwerfen kannst. Aber sei nicht beunruhigt. Bewahre diese Gegenstände für einen vorübergehenden Zeitraum von nicht mehr als drei Monaten in diesem Stapel auf. Während du diesen Stapel hältst, messe ihn und beweg ihn entsprechend zu den entsprechenden Pfählen. Nach drei Monaten trash sie ein für allemal. Stelle sicher, dass du diese in einer Box aufbewahrst, damit du sie nicht mit den anderen Elementen verwechselst. Lege ein Etikett auf die Schachtel und notiere dir den Inhalt der Schachtel auf deinem Notebook, sodass es für dich leicht ist, es zu überprüfen und zurückzugehen. Du wirst auch nicht vergessen, dass eine Box wie diese immer noch existiert und kannst das zusätzliche Durcheinander im Inneren loswerden.

5. Behalten

Dies sind die einzigen Gegenstände, die dir zur Verfügung stehen. Alle Gegenstände in den obigen Stapeln werden dein Haus verlassen. Sammle all diese Dinge sorgfältig und vorsichtig, denn du willst nicht weggeben oder wegschmeißen, was du wirklich brauchst.

Ein weiterer äußerst wichtiger Punkt, den du dir merken solltest, ist, dass manchmal ein Problem auftritt, wenn nach stunden- oder tagelangem Entkleiden alle Artikel einfach zurückkommen, weil wir weiterhin mehr vom Markt kaufen. Während du entwirrst, gib dein Bestes, um dem Drang zu widerstehen, Dinge zu kaufen und zu sammeln, die gar nicht nötig sind. Nehme dir die eine Minute Zeit, um eine 15 Tage oder 90 Tage Liste zu erstellen, für den Fall, dass du jedes Mal, wenn du etwas

Neues kaufen möchtest und es nicht benötigst, es auf diese Liste setzen. Erstellen eine Regel, dass du niemals etwas kaufen wirst, das nicht von primärer Bedeutung ist. Die Liste kann einem zweifachen Zweck dienen, einem wesentlichen und einem nicht. Du ersparst dir nicht nur zusätzliche Unordnung, sondern ersparst dir auch zusätzliches Bargeld und Geld.

Hier ist eine Liste von Dingen, die du behalten kannst und wie:

5.1 Entscheiden dich für die Kleidung, die du gerne tragen würdest: Wenn du dich auf deine Arbeit oder den Arbeitstag vorbereiten, besuche deinen Kleiderschrank, während du nach etwas Ausschau hältst und ein paar Minuten damit verbringen, die Kleidung zu entfernen, die du seit Monaten nicht mehr getragen hast. Tu dies religiös und konsequent mit deinen Schubladen und Schränken, bis nur das, was du trägst, das ist, was in deinem Kleiderständer ist.

5.2 Räume deine Medizinschränke aus: Überprüfe deine Erste-Hilfe-Boxen oder Schränke für Pillen und Bandagen, gehe durch alles, was veraltet oder abgelaufen ist und Dinge, die du nie wieder verwenden wirst, wie alte und abgenutzte Bandagen, Cremes und Salben, auf die du allergisch reagiert und behalte nur das Wesentliche.

5.3 Entwirre und Entstopfe deine Schubladen und Schränke: Nehme die Schublade und gieße den Inhalt auf den Tisch. Dann trennen die Inhalte in 3 Bereiche:

a. Sachen, die in der Schublade bleiben müssen

b. Dinge, die woanders aufbewahrt werden müssen

c. Sachen, die man in den Müll oder zur Spende legt.

Reinige die Schublade und wische sie ab, lege das Wesentliche in die richtige Reihenfolge und behandele alles, was du entfernt hast. All dies sind nur einige der Dinge, die ins Spiel kommen. Der Himmel ist die Grenze in diesem Decluttering-Projekt. Du könntest über den Tellerrand hinausblicken und so kreativ und innovativ wie möglich sein. Ich bin hier, um dir Ideen zu geben, dir beizubringen, wie man anfängt, und der Rest liegt an dir zu entschlüsseln.

Leitfaden 5 - Digitalisiere

Einige Artikel müssen nicht in physischer Form vorliegen, damit sie verwendet werden könnten. Briefe, Fotos und Dokumente können gescannt werden. Du kannst sogar Fotos von ihnen machen.CDs, DVDs können sogar in digitale Form umgewandelt werden. Du kannst Cloud-Speicher verwenden, um sie auf sichere Weise zu speichern, damit sie nicht verloren gehen und du jederzeit darauf zugreifen kannst.

1. https://drive.google.com

2. https://onedrive.live.com sind großartige kostenlose Cloud-Speicheroptionen.

Gehe durch alle Gegenstände auf dem Stapel und dem unscheinbaren Stapel, um zu sehen, was du digitalisieren kannst. Du wirst feststellen, dass es eine große Anzahl von Gegenständen gibt, die du vom Müllhaufen retten kannst, ohne Platz zu verbrauchen.

Dies kann sogar für eine Bibliothek von Büchern getan werden. Es ist nur eine Frage des Scannens, Konvertierens und Organisierens in eine eLibrary, auf die du einfach auf deinem PC oder Kindle zugreifen kannst.

Aber wenn du es als Nachschlagewerke verwendest und es vorziehst, sie in ihrem Papierformat zu verwenden, dann müsstest du dies ein wenig überdenken.

Bei der Digitalisierung dieser Elemente ist vor allem zu beachten, ob ihr Zweck gesichert werden kann, wenn sie in diesem Format vorliegen. Wenn du diese durch Digitalisierung nicht nutzen kannst, ist es nur eine zeitaufwendige Aufgabe, sie in ein digitales Format zu konvertieren.

Es geht darum, sie in einer übersichtlichen Form zu halten, um sie bestmöglich zu nutzen.

Denke daran, dass du immer eine Sicherungskopie oder zusätzliche Kopien deiner Datei haben musst. Eine andere schlaue Idee ist, diese weichen Kopien durch ein externes Laufwerk mit einem großen Speicher zu behalten. Sogar deine Sammlung von Filmen kann in USB-Form aufbewahrt werden, sodass, anstatt einen verstreuten Stapel von DVDs oder CDs zu haben, alles in einem internen Speicher organisiert ist, der mit nur einem Klick angesehen werden kann.

Sei nicht zu selbstsicher darüber, dass es bereits fertig ist, wenn du deinen Raum repariert hast. Nein, du bist nicht fertig. Erinnere dich daran dass, obwohl du eine neue, effiziente und logische Methode für die Verwaltung und Organisation von ausgehenden und sogar eingehende Sachen und Elemente gestartet hast, ist dies nicht das Ende. Es gibt keinen Autopiloten, daher musst du mit der regelmäßigen Reinigung und Instandhaltung deines Hauses im Einklang stehen. Das Tolle ist jedoch, dass du jetzt eine aktualisierte Strategie hast, um all deine Unordnung zu verarbeiten. Sobald du den Dreh des Organisierens und des Entrümpelns bekommst, wird es ein Hobby, ein Teil deines Systems, das positive Ergebnisse in deinem Leben produziert.

Lass uns anfangen!!

Die Richtlinien, die ich zuvor gezeigt habe, haben gezeigt, wie der gesamte Entrümplungs-Prozess funktioniert und wie du vorgehen solltest.

Jetzt gehen wir zur Sache, indem wir Maßnahmen ergreifen.

Nur eine begrenzte Anzahl von Personen hat eine Hausorganisation mit Schubladen und Schränken, die denen in den Fernsehwerbungen ähneln. Was die Medien uns geben, ist nicht immer wahr. Die Wahrheit kommt heraus, dass die Realität anders spricht. Ich war in verschiedenen Häusern und ich habe gesehen, wie andere Leute ihre Räume reorganisiert haben und es sieht nicht so aus, wie wir es in kommerziellen Anzeigen oder TV-Homeshopping-Kanälen sehen. Obwohl all diese Räume fantastisch und schillernd aussehen, werden diese Räume von Menschen genutzt und nicht von Vermarktern und einem Team von Organisatoren für nicht existierende Bewohner entworfen. Es mag hübsch sein, aber die Frage ist, wie funktional sind diese Arrangements? Du wirst nur enttäuscht sein, wenn Perfektion dein ultimativer Fokus ist.

Unser primäres Ziel ist es, ein Zuhause zu schaffen, das mit all deinen Bedürfnissen reibungslos funktioniert, real, anwendbar und systematisch funktional ist. In diesem Sinne könnten wir mit unserem ENTRÜMPLUNGS-Projekt fortfahren und uns 100% ig versichern, dass wir sehr erfolgreich sein werden, um ein Leben frei von Chaos und Unordnung zu führen!

Welche Bereiche deines Hauses müssen entrümpelt werden? Hier ist eine kurze Liste, die du ab und zu überprüfen könntest:

- Entrümpeln deines Badezimmers

- Entrümpeln deines Schlafzimmers

- Entrümpeln deines Schranks

- Entrümpeln deines Computers, Büros und Arbeitsplatzes

- Entrümpeln deines Einganges

- Entrümpeln deiner Küche

- Entrümpeln deines Wohnzimmers

- Entrümpeln deiner Papiere und Briefe

Allgemeiner Spielplan – Tipps 1-19

1. Wo bist du gerade? Nimm ein Klemmbrett, einen Notizblock oder was auch immer, und gehe um deine Domain herum und stelle fest, welche Bereiche mit Unordnung oder mangelnder Organisation, die dir auf die Nerven gehen. Nimm 'vorher' Fotos.

2. Nun, finde heraus, wohin du gehen willst. Ist es:

a. Ein Zuhause, das nur von der Schönheit des Zuhause ist und deine Kunstwerke und deinen Stil vorstellt, statt Stapel von Sachen?

b. Army Barracks Minimalismus, nichts hält dich zurück von einem actiongeladenen Leben des Abenteuers?

c. Eine gemütlicher Familienplatz für gemütliche Familienaktivitäten?

d. Die erholsame Oase, um sich von deinem hektischen Leben zu erholen?

e. Nur eine spürbare Verbesserung gegenüber dem aktuellen Chaos?

3. Finde die Vision, die dich inspiriert. Zum Beispiel - stell dir vor, du bist ein Tycoon. Dein Home-Office hat einen Schreibtisch, der so groß ist wie Kansas, nur das aktuelle Stück Papier, an dem du arbeitest, ist sichtbar. Der Rest ist ordentlich verstaut oder wird von Ihren "Leuten!" benutzt.

4. Meine Lieblingsvision ist die gut ausgestattete Ferienwohnung; schön eingerichtet, Grundnahrungsmittel vorhanden, kein Durcheinander. Es gibt mir ein erfrischendes Sprungbrett für meine Urlaubsabenteuer oder einen ablenkungsfreien Ort, an dem ich an dem Great American Novel arbeiten kann.

5. Kannst dir nichts vorstellen? Schreibe zehn Dinge auf, die du an deinem idealen Arbeitstag und Freizeittag erledigen möchtest. Wie würde dein Zuhause aussehen, um diese Tage zu unterstützen?

6. Überprüfe die motivierenden Motivatoren. Nur weil es nicht total funktioniert, das heißt, du hast immer noch etwas Durcheinander, heißt es nicht, dass du ein Versager bist. (Siehe 'Declutter the Guilts' erneut.)

7. Was funktioniert für dich am besten? Die Karotte?

a. Karotte: Es ist Samstag, das Haus ist in bester Ordnung, und du und die Truppen sind Fußlos und frei von allem, ihr könntet machen, was ihr wollt!

b. Karotte: Organisiere das Wohnzimmer und kreiere einen perfekten Platz, um den für dein Motorrad gekauften Chrompreis von 1000 $ auszubreiten (True story.)

c. Karotte: Es wäre so lecker, wenn dein Haus glatt wie Sahne wäre …

8. Oder Stock:

a. Stock: Du findest Schimmel in jemandes Schlafzimmer wachsen

b. Stock: Der Gegenstand, an dem du dir gerade den Knöchel gebrochen hast, sitzt seit etwa sechs Monaten auf der Treppe und wartet darauf, verstaut zu werden

c. Karotte und Stock: In drei Wochen bist du an der Reihe für den Buchclub. Theoretisch lieben sie dich wirklich für deine brillante literarische Diskussion. Aber trotzdem willst du, dass das Haus perfekt aussieht.

10. Das schlechteste zuerst anpacken. Zurück n deiner Zwischenablage, identifiziere den Bereich des Hauses, der dich am meisten ärgert. Du wirst hiermit anfangen; Es wird den schnellsten positiven Einfluss auf dein tägliches Leben haben. Mama sagte immer: "Mach das Bett - den größten Gegenstand im Schlafzimmer - und du wirst bereit sein, den Tag anzugreifen!"

11. Immer noch nicht sicher? Erwäge dies:

a. Der "Keller" oder andere langfristige Lagerfläche. Dann ist Platz für Dinge, auf die du dich reduziert hast.

b. Eingänge, um Besucher oder Familie so wenig wie möglich zu stressen.

c. Küche oder Holme-Office-wo auch immer du die meiste Zeit verbringst.

d. Punkt ist, fang einfach irgendwo an!

12. Planen dir die Zeit zum Entrümpeln und Organisieren ein. Denkst du, du kannst einfach nicht aufhören, das zu tun, weil du einfach viel zu beschäftigt bist, das Leben zu leben? Nun, lass uns ehrlich sein. Du hast jetzt all das Zeug, weil du dir nicht die Zeit dafür genommen hast. Wenn jemand dir 500 Dollar / Stunde anbietet, um zu organisieren, wette ich, dass du die Zeit finden würdest! Behalte diese 5-6 Stunden pro Woche im Gedächtnis. Irgendwann wirst du sogar brechen ...

13. Mit dem Haken, der dich am meisten ärgert, werfe zwischen deinen geplanten Zeiten Sachen weg, wenn sich ein Zeitfenster öffnet. Lege dir ein paar Gegenstände weg. Frage dich selbst, was du täglich tun könntest, um es zu verschieben. Die Erleichterung von der Handhabung der schlechtesten Gegend wird den Rest deiner Liste leicht erscheinen lassen.

14. Holen dir Hilfe, Teil Eins. Stell den Teil des Gehirns an, der gute Absichten hat: "Ich werde 90% meines Mülls los" (!) Ist nicht der gleiche Teil, der einen Plan macht, um es zu erledigen. Passe dich mit einem Freund zusammen und sortiere beide Arenen zusammen oder rufe dich gegenseitig an, um sicher zu gehen, dass du auf Kurs bleibst. Erinnerungen erinnern uns an unsere Absicht.

15. Hol dir Hilfe, Teil Zwei. Stelle einen professionellen Organisator ein. Würde es dir nicht einfallen, deinen Freunden dein Chaos zuzufügen? Ein professioneller Organisator kann einige Abkürzungen kennen, die den Prozess so viel schneller und schmerzloser machen würden. Die Kosten sind angemessen und die Motivation, einen Termin mit jemandem zu haben und ihnen Geld zu zahlen, wirkt sich galvanisierend auf den Prozess aus. Es wird gemacht!

16. Verkaufen teure Gegenstände, die du nicht mehr schätzen weist, durch kostenlose Kleinanzeigen und Konsignationsläden. Hier kann auch ein Organisator helfen. Sie haben oft Ressourcen, um deine Sachen zu verkaufen.

17. Du könntest einen Flohmarkt machen, aber tun es nicht auf mein Konto, es sei denn, du hast ein Meer von Sachen zu verkaufen, und Flohmarkt Saison ist entweder in vollem Gange oder nur ein oder zwei Monate entfernt. Die Dinge, die in deinem Haus sitzen und Monate warten, sind nicht das, wonach wir suchen!

18. Keine Angst; Erinnere dich an diese beruhigende Wahrheit: Alle Organisationsprojekte laufen im Grunde auf drei Schritte hinaus:

Sortieren, löschen, organisieren, was übrig ist,

ODER,

Bereinigen, sortieren und organisieren.

Wenn du schnell Entscheidungen treffen kannst, lösche zuerst. Wenn nicht, sortiere zuerst, um zu sehen, wie viele von jedem Gegenstand du wirklich hast. Dies macht es ein wenig leichter, deine dreizehnten bis zweiundzwanzigsten weißen Hemden loszulassen.

19. Außerdem ist das Durcheinander wirklich endlich, unabhängig davon, wie groß der Berg ist. Es sieht einfach unmöglich aus, weil du mit dieser stagnierenden Energie erst einmal feststeckst.

Feng Shui Grundlagen- Tipps 20-22

20. Jede Feng-Shui-Abhandlung, die der Menschheit bekannt ist, empfiehlt, die Räume zu leeren. Feng Shui Philosophie (Es ist keine Religion, nur FYI.) besagt, dass wir immer mit den Objekten um uns herum interagieren. Das sagt die Quantenphysik auch, also wie steht es damit? Selbst wenn du in deinen Feng-Shui-Versuchen nicht weiterkommen als "aufgeräumt", hast du das größte Problem gelöst.

21. Dies erklärt, warum wir uns immer am Boden gehalten fühlen, wenn wir einen überfüllten Raum betreten. Die Objekte, die vergessen wurden, also im Grunde genommen nutzlos sind, greifen dich an, um etwas von deiner Energie für sich selbst zu gewinnen. Habe ich das wirklich gesagt? Nein, ich könnte es nicht haben, aber es gibt etwas Seltsames daran, wie wir unsere Lust verlieren, wenn wir in der Nähe von stehendem Zeug sind. Beobachte deine Reaktion beim nächsten Mal an einem unordentlichen Ort, und auch, wie viel mehr Energie du in einem ruhigen, übersichtlichen Bereich fühlst.

22. Das moderne amerikanische Feng Shui Motto lautet: "Ich liebe es oder nutze es; andernfalls verliere es. "Alles, was nicht geschätzt oder regelmäßig verwendet wird, ist automatisch Unordnung und muss verschwinden.

Entrümplungs Grundlagen – Tipps 23-26

23. Verschiebe alles aus dem Raum, den du entwirrst; ob ein ganzes Zimmer oder nur eine einzelne Schublade oder ein Schrank, entferne alle Gegenstände. Selbst wenn du viele der Gegenstände zurückbringst, wo sie wirklich benutzt oder geliebt werden, wirst du diese steckengebliebene Energie immer noch fühlen. Indem du jedes Objekt betrachtest, beruhige deine Gedanken über die Dinge, die du behältst.

24. Wenn du kannst, lege die aufbewahrten Gegenstände an einem etwas anderen Ort ab. Nur dieser kleine Schritt wird auch den Raum auffrischen.

25. Mache eines deiner Ziele, alle oberen Flächen zu entfernen. Küchentheken waren dafür gedacht, schmackhafte Mahlzeiten zuzubereiten und speicherten nicht jedes Stück Papier, das in dein Zuhause gelangt. Esstische sind für kongeniale Mahlzeiten, nicht zehn Jahre Steuern und Kataloge.

26. Der Boden ist die ultimative flache Oberfläche und Feng Shui ist ziemlich fest, um den Boden von stagnierenden Speicher zu halten, um deine fließende Energie zu maximieren. Denke daran: Tanzen, Kinder und Haustiere, die herumlaufen, ein vorübergehender Platz, um deine Katzenfangausrüstung für die heutige Expedition auszulegen.

Gute Gründe um Sachen loszuwerden - Tipps 27-42

27. Alte, veraltete, un-coole Kleidung, die in den letzten fünf Jahren irgendwie geschrumpft ist - Selbst wenn du etwas von diesem Gewicht verlierst, wirst du etwas Erfrischendes auf dem neuesten Stand haben wollen, um mit deiner erfrischten neuen Einstellung zu gehen!

28. Du bist so nett, du würdest diese unerwünschten Gegenstände gerne an jemanden weitergeben, der sie regelmäßig benutzt. Sie bekommen das Zeug und du bekommst die aufgewühlte, verspielte Energie. Win-Win!

29. Und! Die gesamte Energie aus fossilen Brennstoffen, die in die Produktion dieses Materials geflossen ist, ist jetzt erloschen und wird nicht in deinem Regal verfallen.

30. Du hast ein Vermögen für dieses blöde Gadget ausgegeben, also warum es nicht jemand anderem schicken? So hast du die Erinnerungen an deine nicht ganz so guten Entscheidungen vergessen.

31. Du könntest etwas Geld verdienen.

32. Du wirst auch negative Emotionen über die Vergangenheit und Angst vor der Zukunft verlieren. Deine verstorbene Tante Mabel wird es nicht stören, dass du ihren Schnickschnack weggibst. Sie hat Spaß und weiß, dass du sie nicht vergessen wirst! Noch wirst du in der Zukunft so mittellos sein, dass du nicht in der Lage sein wirst, dieses eine Element in hundert zu ersetzen, das du "nur für den Fall" speicherst.

33. Es ist der schnellste Weg, um dein Leben zu optimieren und es zu erstaunlichen neuen Möglichkeiten zu öffnen.

34. Das Entrümpeln ist für die meisten Menschen der schwierigste Teil der Organisation, da wir dann die Entscheidungen treffen müssen, die wir bereits verschoben haben. Mach es nicht schwerer, indem du dich über deine Unentschlossenheit verprügelt. Sag dir immer selbst: "Ich war beschäftigt!"

35. Wie entscheide ich, was ich in mein nächstes Zuhause schicke? Wenn einer der oben genannten Gründe bei dir nicht mitschwingt, fragst du dich immer, ob jeder Gegenstand die Vision, die du früher entwickelt hast, unterstützt oder wegnimmt.

36. Oder, (Stock, große Zeit): Dein Haus ist von einer Naturkatastrophe bedroht, und du hast eine Stunde Zeit, um das herauszunehmen, was du am meisten schätzt. Was würde mit dir gehen und was würde zurückbleiben?

37. Dann gibt es (Karotte, große Zeit): Stelle dir vor, du hast im Lotto gewonnen und musstest aus irgendeinem Grund im selben Haus bleiben. Würdest du alles behalten, was du jetzt hattest, wissend, dass du dir jeden beliebigen Gegenstand, den du in Zukunft brauchen wirst, leicht leisten könntest?

38. Nimm ein Blatt aus dem Buch meines Freundes. Nach einer sechswöchigen Reise nach Belize kam sie schockiert zurück. "Ich dachte, ich wüsste, wie ich ohne sie auskommen kann (so wie ich aufgewachsen bin), aber diese Leute wissen wirklich, wie sie ohne sie auskommen!" Unterschätzen nicht deine Fähigkeit, mit dem, was du bereits hast, zu improvisieren. Es ist besser, als du denkst!

39. Wenn du der logische Typ bist, erkenne, dass du 15 Zoll Bücher nicht in ein 12 Zoll breites Regal legen kannst. Gruppiere die Bücher in Fünfen und wählen die am wenigsten bevorzugten 1 oder 2 aus dieser Gruppe, um loszuwerden. Mit weniger Schmerzen kannst du deine

Schätze mit niedrigerem Status aussortieren und die Belastung methodisch reduzieren.

40. Wenn du die Konkurrenz magst, siehe wie viele Müllsäcke du füllen kannsr, um sie weg zu werfen oder zu spenden, in ein paar Stunden oder im Vergleich zu deinen Entdeckelungs-Begleiter. (Ihr beide gewinnt!)

41. Lassen dir immer die Zeit am Ende der Decluttering-Sitzung, um Sachen an den nächsten Ort zu schicken - fehlplatzierte Gegenstände in ihre richtigen Räume, Müllsäcke zum Bordstein, Spenden im Auto, die frühestens abgesetzt werden können, usw. Ansonsten, wird dein Gefühl von Vollendung verpuffen, wenn du erst einmal deinen Kopf von deiner Entkrampfungsraserei gehoben hast!

42. Zu spät? Schon herunterhängen? Mache eine zehnminütige Eistee-Pause, entferne dich von der Gegend, konzentrieren dich wieder auf die Vision der "abgespeckten Eigentumswohnung" oder was auch immer dein Boot schwimmt und gehe dann zurück in die Verteilung.

"Räume auf und fühle den Ansturm!"

Organisations Grundlagen – Tipps 43-51

43. Organisationsprinzip - gehe vertikal, wo immer du könntest. Dies reduziert nicht nur Unordnung in deinem Sichtfeld, sondern auch weniger Platz, Schreibtisch oder Regalplatz.

44. Der Mensch wird von Natur aus entweder zu einer Ordnung oder zu einer Ausstellung hingezogen, die angenehm anzusehen ist. Du kannst kombinieren, wie eine einheitliche Reihe von Geschirr in einem klaren Schrank gespeichert, oder ein schwarzes Brett voller Info, Leckerbissen, Kunstwerke und Cartoons. Im Allgemeinen, irre auf der Seite der Austerität, während du deine Organisation abschließen. Du wirst wahrscheinlich irgendwann einige Dinge hinzufügen ...!

45. Wenn sich das Leben in einer extra-hektischen Phase befindet, hilft die Vereinfachung von Besitztümern, wie das Halten einer passenden Brille in der Küche anstelle eines Durcheinanders verschiedener Stile, um Stress abzubauen.

46. Viel Organisieren scheint darin zu bestehen, Dinge zu sortieren, die durcheinandergeworden oder fehl am Platz sind. Nur der einfache Akt, Gegenstände zu gruppieren und sie an einen logischen Ort zu bringen, vermittelt ein schnelles Gefühl von Frieden und Ordnung.

47. Verwende deinen Kopf, um zu entscheiden, wo du Bedienungsanleitungen aufbewahren möchtest. Du wirst wahrscheinlich nicht oft nachsehen müssen, wie du deinen Kühlschrank benutzt, oder? Bewahre dieses Handbuch in deinem Dateisystem auf. Wenn der DVD-Player jedoch nicht zusammenarbeitet, ist die Frustration laut und augenblicklich - erstelle eine kleine Tasche ganz in der Nähe für das Handbuch.

48. Dito, wenn es darum geht zu entscheiden, ob ein Vielfaches von Gegenständen oder nur einer zu haben ist. Du wirst überrascht sein, wie viel eine Schere und eine Klebebandrolle, die an drei oder vier Stellen im Haus aufbewahrt wird, nützlich sein werden. Reinigungsmittel in jedem Badezimmer reduzieren den Widerstand gegen diese schreckliche Arbeit. Du wirst wahrscheinlich nur einen Babyflügel brauchen. Siehst du, wie einfach das ist?

49. Seie realistisch bezüglich des Speicherplatzes, den du hast. Gut für dich, wenn du es geschafft hast, ein Viertel deiner Garderobe zu verkleinern! Wenn dein Schrank jedoch nur Platz für 60 Prozent deines aktuellen Inventars bietet, wird er immer noch vollgestopft aussehen! Du hast folgende Möglichkeiten: Erschaffe mehr Speicher (Arbeit ... yuck!) Oder schmeiß mehr weg (besser).

50. Wann immer es möglich ist, organisieren mit dem Ziel, spezielle Bereiche zur Verfügung zu stellen, um deine Hobbys zu erkunden. Der schnelle Zugang zu einem guten Set-Up erhöht die Chance, diesen lebens- bereichernden Interessen zu folgen, anstatt sich vor der Boob-Tube zu verstecken, da es zu viel Aufwand ist, die richtige Ausrüstung aufzureißen und einen Platz zu finden.

51. Schneide Bilder aus einer Zeitschrift aus dem Raum dekoriert und organisiert, wie du es mögen. Hänge es prominent für dich auf. Es gibt nur wenige Dinge, die dir dabei helfen, konzentriert zu bleiben, als deinen Traum oft vor deinem Gesicht zu sehen.

Das Parkhaus – Tipps 52-57

52. Welches Organisationsbuch beginnt mit der Garage? Wette das schockierte dich! Nun, das tut es, denn für viele von uns ist es der Familieneingang des Hauses. Gibt es einen besseren Ort zum Entwirren und Entlasten als der erste Ort, den du jedes Mal siehst, wenn du nach Hause kommen? Es ist nicht aus der Reihe, daran zu denken, den Boden zu streichen oder die Wände zu vollenden. Natürlich würde das zuerst einen Haufen Sachen verlangen, oder? Hmm ....

53. Brauche einen anderen Motivator? In den meisten Häusern sind die Fahrzeuge die teuersten Besitztümer. Werden sie innen oder außen gelagert?

54. Um den visuellen Garagensturz auf ein Minimum zu reduzieren, solltest alle langstieligen Werkzeuge, sowohl Garten- als auch Reinigungsarbeiten, sowie die Skier usw. in einem sauberen Abfalleimer aufbewahren, wie der Zahnputzbecher im Badezimmer.

55. Wenn es in der Garage einen Werkstattbereich mit guter Beleuchtung und Wärme gibt, ist es einladend zu benutzen.

56. Sei realistisch, mit was deine Familie wirklich spielt oder benutzt. Wenn der Heimwerker alle perfekt auf dem Stift angeordneten Bretter organisiert, wird er nie berührt, aber es gibt einen aktiven Gärtner in der Familie, der die Sachen des Handwerkers in eine etikettierte Schachtel werfen und stattdessen die Gärtner-hüte aufhängen.

57. Camping, Skifahren oder andere Ausrüstung-schwere Zeitvertreib deiner Familie? Widmen ein großes Regal ohne Konkurrenz neben dem Fahrzeug, welches du benutzt, um dort hin zu kommen.

Der Versandraum – Tipps 58-67

58. Lager die Poststelle mit drei Mülltonnen, eins für den Müll, eins für das Recycling, eins für den Schredder. Stelle sicher, dass das Recycling viel Platz hat!

59. Halte drei schöne Behälter bereit, wenn sie die Post mitbringen. Magazine-Dateien funktionieren gut (sehen aus wie Müsli-schachteln mit einem schrägen Schnitt durch die Oberseite und eine Seite unten) oder du kannst quadratische Körbe, In-Boxen oder große Taschen verwenden, die sich selbst aufstellen. Stelle sicher, was auch immer es ist, ist geräumig und robust.

60. Die Poststelle könnte ein kleiner Sekretärtisch an der Eingangstür sein, eine Station in der Waschküche, wenn sie neben der Garage, dem Schreibtisch oder dem Schrank in der Küche oder sogar in deinem Büro, wenn es zu Hause ist! Der Schlüssel ist: Mach es handlich genug, um zu der Sekunde zu kommen, in der du mit der Post ins Haus kommst. Nicht auf den Tisch legen - "für jetzt"!

61. Der erste Container ist für die Tage, an denen du dich gut genug organisiert fühlst, um die Post sofort zu sortieren. Bereite alles auf, was du zuerst kannst. Als Nächstes setze die zeit-sensiblen Materialien, wie Rechnungen und eingehende Schecks - Hey, es könnte passieren! - in den ersten Container und in welches Material auch immer du möchtest, in den zweiten nimmst du Shred-Zeug direkt in den Aktenvernichter.

62. Der dritte Container ist für die Tage, an denen man einfach nichts dagegen tun kann, also gib alles dort rein. Wenigstens hast du es aufgeräumt und eingedämmt, anstatt es über den Ladentisch zu verteilen. Entscheide dich, es alle 3-4 Tage zu löschen, damit es nicht zu einem überwältigenden Volumen wird.

63. Die nächste Stufe für die Post ist zu entscheiden, was damit zu tun ist. Eine kleine Karteibox auf dem Schreibtisch mit Platz für ein paar hängende Dateien überbrückt die Lücke zwischen "Haufen" und "außer Sichtweite, aus dem Sinn". Sie könnten Etiketten haben wie:

a. "hohe Priorität"

b. "Anstehend," - für Flugtickets und "Warten auf Informationen von jemand anderem"

c. "Einordnen"

d. "Bezahlen"

e. "Lesen"

f. Andere benutzerdefinierte Dateien, die für dein eigenes Unternehmen oder deine Familie wichtig sind.

g. "Ich weiß es nicht" - Komme zurück zu diesen, wenn du in einer entschiedeneren Stimmung sind.

64. Denke zweimal über das "einheften" nach - Kannst du die Informationen einfach wieder aus dem Internet holen? Wirst du es wirklich jemals wieder anschauen? Könnte es eingescannt werden?

65. "Einheften"- Teil 2. Ein fabelhaftes, super-einfach zu benutzendes Ablagesystem ist der Schlüssel, um nicht mit einem deprimierenden Stapel von" noch zu tun "Zettel enden - Wenn möglich, sollte alles, was den Test von # 64 bestanden hat, sofort in das Heft gehen!

66. Der Schlüssel zur Handhabung der Desktop-Dateikategorien besteht darin, die Aktionen in dein Zu-Tun-System einzugeben, ob online oder auf Papier. Sie können nach Kategorien gruppiert werden, z. B. "Computer", "Anrufe", "Besorgungen". Das Versetzen von

Sternen in die zeitkritischen und sehr wichtigen Aufgaben hilft dabei, die Aufgaben zeitnah zu erledigen.

67. Um den Zustrom von Post zu reduzieren:

a. Beseitige Zeitschriftenabonnements - lese sie online oder in der Bibliothek.

b. Wenn du einen Artikel online bestellst, prüfe, ob du eine Box aktivieren kannst, um zu vermeiden, dass du "Angebote und Kataloge" erhaltest.

c. Gehe zu: dmachoice.org (Direktmarketing-Verein) und klicke auf "Direct Mail 101", um deinen Namen von vielen Mailing-Listen zu entfernen.

Gehe zu: optoutprescreen.com, um Kreditkartenangebote entweder für fünf Jahre oder für-immer zu eliminieren.

(Beide Websites sollten aus Sicherheitsgründen "https" im Browser anzeigen.)

Home Office Strategien – Tipps 68-73

68. Stelle vor allem sicher, dass das Büro und die Einrichtung zu deiner Persönlichkeit passt und nicht die Vorstellung eines anderen, wie Büros aussehen sollten. Du möchtest viel Zeit dort verbringen, also passe es deinem Arbeitsstil an, um die Zeit viel angenehmer und effizienter zu machen.

69. Bringe dein Büro-Deko runter zu nur ein paar Dingen, Feng Shui-inspiriert oder wie auch immer und definitiv etwas, das dich zum Lachen bringt! Es mag sich komisch anhören, aber du wirst viel produktiver, entspannter und weniger abgelenkt sein. Denke an, "Tycoon!"

70. Hole alles, was du täglich in deinem Büro nutzt, in greifbare Nähe. Verschiebe wenig verwendete Handbücher oder andere Informationen in einen anderen Raum, damit du dich auf deine heißen Projekte ohne Eigengewicht konzentrieren kannst.

71. Mache dein Ablagesystem so einfach wie möglich, aber immer noch funktional und reflektierend von deinem Stil. Möglicherweise möchtest du deine Benutzerhandbücher beispielsweise besser nach Markennamen austeilen oder sie alle in einer Datei zusammenfassen. Deine Entscheidung.

72. Ebenso solltest du deine Dateien farbcodierten. Es ist ein sehr mächtiges Werkzeug, wenn du Dinge einfach halten möchtest - du weißt, gelb für die Familie, blau für "Pflege des Geschäfts" (Versicherung, etc.), rot für Rechnungen oder was auch immer.

73. Nachdem ich alle Archivierungsmethoden ausprobiert hatte, endete ich mit einer Dateischublade für "spaßige Sachen" - "Restaurants zum Ausprobieren", "Briefe von den Kindern" usw., und eine weitere für TCB (ums Geschäft kümmern). Sie sind alle alphabetisiert, aber die Farben sind ein Regenbogen auf Steroiden. Ich fand heraus, dass es mich nervte, dass der Ordner "Krankenversicherung" mit der Datei "Haus, Traum" gemischt wurde, also sind sie jetzt getrennt.

Die Küche – Tipps 74-80

74. Von allen Zimmern ist die Küche das wichtigste, gut organisiert und sauber zu halten. Das Essen aus einer schmutzigen, schmutzigen Küche ist unappetitlich, und es sauber zu halten entmutigt Schädlinge der nichtmenschlichen Sorte.

75. Egal wie OCD es scheint, spart Gewürze in alphabetischer Reihenfolge wirklich eine Bootsladung Zeit, ganz zu schweigen davon, verspätet zu finden, das du fünf Gläser Currypulver hast, wenn einer nach dem anderen wirklich alles ist, was du brauchst.

76. Wenn du Hilfe in der Küche haben möchtest, richte es mit dem Auge auf Bequemlichkeit ein, sogar bis zu dem Punkt, zusätzliche Messer und Schneidebrett an einem zweiten Standort für einen Rekruten zu haben, um Gemüse für dich zu hacken.

77. Wenn du lieber alles selbst machen möchtest, dann stell es mit einer unergründlichen Logik auf, nur du kannst die Gäste erkennen und einladen, sich in einem nahe gelegenen Sessel zu entspannen (ich habe einen in meiner Küche, obwohl ich Hilfe mag. Nun, eigentlich sitze ich lieber im Sessel und lasse jemanden anderen kochen...)

78. Gehe durch alle Gadgets, Pfannen und benutzerdefinierten Geräte, die du hast, und frag dich selbst, ob seine Funktion mit einem einfacheren Element, das bereits in der "A" -Liste in deiner Küche steht, einfach dupliziert werden könnte. Versuche es sechs bis zwölf Monate lang an einem weniger prominenten, aber nicht unmöglichen Ort zu packen. Wenn du es nicht wirklich vermisst hast, dann ....

79. Ich bevorzuge es, den Blick in der Küche so weit wie möglich zu vereinfachen. Also würde ich mich persönlich von der Glasfront des Geschirrschrankkonzepts fernhalten (es sei denn, es hat Glasböden und durchscheinende Hintergrundbeleuchtung!). Aber du musst dich selbst darüber freuen.

80. Die meisten Menschen gruppieren auf natürliche Weise Gegenstände zum Backen, zum Aufbewahren von Lebensmitteln, Getränken oder Snacks in ihre eigenen Abteilungen. "Schon einmal daran gedacht, alle Päckchen mit Essen zum Mitnehmen zu füllen - Mayo, Ketchup, Salz und Pfeffer, Plastikbesteck - und sie der Picknickabteilung hinzufügen? Wer weiß? Sie könnten tatsächlich aufgebraucht werden!

Das Schlafzimmer – Tipps 81-87

81. Du hast es schon einmal gehört, aber es lohnt sich, es zu wiederholen. Das Schlafzimmer ist für Ruhe und Entspannung vorgesehen, ein Rückzugsort von deinem hektischen Leben. Widerstehe der Versuchung, es mit Mini-Home-Offices, Fernsehern, Bibliotheken, Bartresen usw. zu füllen. Das Schlafzimmer ist der beste Platz im Haus, um es einfach zu halten.

82. Ach, Feng Shui wird dir sagen, dass das Aufbewahren von Dingen unter dem Bett deinen erholsamen Schlaf stört und liebe das Leben. Wenn du diesen praktischen Bereich für die Aufbewahrung benötigst, versuche ihn sehr zurückhaltend und beruhigend zu halten, wie mit zusätzliche Decken und Bettwäsche.

83. In Europa ist es üblich, ein Bett in ein Bettlaken, Kissen und eine Bettdecke zu kleiden - sonst nichts. Es ist unglaublich, wie einfach es ist, morgens das Bett zu machen, und der Bettbezug kann regelmäßig gewaschen werden.

84. Durch die Farbkodierung deiner Kleidung kannst du leicht erkennen, wie viele Kleidungsstücke du jeweils hast, wodurch du auch einige der überrepräsentierten Töne leichter loslassen kannst.

a. Manche Leute kolorieren, indem sie alle Elemente einer Farbe zusammenfassen - es ist einfacher, koordinierte Outfits in Eile zusammenzustellen.

b. Andere gruppieren sie in breiten, allgemeinen Kategorien, wie langärmlige Hemden, kurzärmelige Hemden, Hosen, Jacken usw., ordnen dann jede Kategorie in Regenbogenreihenfolge an.

85. Eine große Zeitersparnis, vor allem, wenn du nicht dazu neigst, deine Kleidung im Laufe des Tages sehr schmutzig zu machen, ist ein beträchtlicher Bestand an Socken und Unterwäsche. Ob du es glaubst oder nicht, es ist manchmal menschlich möglich, deine Oberbekleidung auszublasen und sie wieder aufzuhängen! Du würdest nicht glauben, wie lange du den Wäschetag aufschieben kannst. (So gut für die Umwelt.)

86. Wenn du Platz hast, habe einen Korb für Farbkleidung und einen für Weißkleidung oder eine andere Einteilung, die für dich Sinn ergibt.

87. Hast du schon einmal von diesem Tipp zum Packen für einen Ausflug gehört? Packe ein Outfit für jede vorweggenommene Aktivität ein und legen die Hälfte davon zurück und du erhältst normalerweise genau den richtigen Betrag. Was, wenn du diese Philosophie auf deine Garderobe anwendest?

Die Lounge –a.k.a., das Badezimmer – Tipps 88-92

88. Überlege, ob jede Person in der Familie ihre eigene Farbe von Badetüchern, Waschlappen usw. haben kann. Außerdem lernt jedes Mitglied über acht Jahre, wie man seine eigene Wäsche macht. Dies lehrt nicht nur eine wertvolle Lebenskunst, es spart Dutzende von Stunden pro Jahr, die du sonst nur zum Sortieren verwendest.

89. Ich bin kein großer Fan von einer Ansammlung von Flaschen von Produkten, die irgendwo und überall in der Lounge versteckt sind. Versuche, dich auf diejenigen mit ungiftigen Bestandteilen zu beschränken. Dies wird deine Auswahl auf eine erstaunlich kleine Anzahl reduzieren und deiner Gesundheit einen großen Gefallen tun. Wusstest du, dass deine Haut mehr Giftstoffe aus deiner Umgebung aufnimmt als der Rest deines Körpers?

90. Wie überall im Haus verlangsamt ein Übermaß an im Bad verstreutem Zeug die Leute, wenn sie eintreten, und ermutigt so viel herumtrödeln in einem Raum, der, obwohl ungeheuer wichtig, nicht der Ort ist, wo man sich stundenlang aufhalten möchte ...

91. Ein paar Körbe auf dem Tresen können eine Menge kleiner, sonstiger Gegenstände hüten und dekorativ sein. Ein kleiner Blumenstrauß aus seidenen Blumen oder eine Kerze oder ein Gemälde tragen dazu bei, das Ambiente des Wellness / Ferienappartements zu vermitteln und uns daran zu erinnern, dass wir lustige Abenteuer erleben, zu denen wir zurückkehren können.

92. Gibt es nicht etwas über ein sauberes Waschbecken, das eine Menge anderer Lounge Clutters-Sünden ausgleicht? Halte einen Schwamm oder Waschlappen bereit, um das Waschbecken und den Wasserhahn jeden Tag abzuwischen. Nimm 30 Sekunden und zahl große Dividenden inmitten des Chaos.

Instandhaltung – Tipps 93-99

93. Die Tendenz, flache Oberflächen in einem heftigen zu stopfen, ist tief verwurzelte, sei bereit, entschlossen zu handeln, um Widerstand zu leisten.

94. Tu, was du kannst, um Ordnung wiederherzustellen, oder sei zumindest hoch motiviert. Den Fernseher am Samstagmorgen zu verlassen, bis die Kinderzimmer aufgeräumt sind, wird dafür sorgen, dass er in Rekordzeit fertiggestellt wird; Entweder das oder du wirst einen ganzen Morgen Cartoons verpassen, was gar nicht so schlimm ist.

95. Gebe dir selbst eine Konkurrenz, um zu sehen, ob du 75 Artikel, sagen wir, in fünfzehn Minuten weglegen kannst.

96. Du kannst nur freundlich sein, aber sei streng mit Freunden, die dir ihre unerwünschten Elemente versuchen zu geben, "Ich habe einfach nicht den Platz!" Sollte immer deine Antwort sein. So machen es die aufgeräumt Profis.

97. Denk daran, Fotos von deinem Raum zu machen, wenn du alles fertig und organisiert hast und vergleiche sie mit denen, die du beim Start gemacht hast. Pat dich auf den Rücken für eine erstaunliche und oft schwierige Leistung! Veröffentliche sie auch, um dich an dein Ideal zu erinnern, und inspiriere dich, wenn nötig, wieder...

98. Es ist unvermeidlich, in der Hektik des täglichen Lebens, dass sich die Dinge wieder häufen werden. Mache einen Pakt mit dir selbst, um mindestens ein paar Bereiche, wie die Küche und den Hauptschrank, unaufhaltsam sauber zu halten. Dann plane mindestens alle 3-4 Tage eine halbe Stunde bis eine Stunde ein, um in den anderen Teilen des Hauses wieder Ordnung herzustellen, damit es nicht wieder von Vorne anfängt

99. Vor allem statt der Vergangenheit in der Gegenwart leben (Zu viele Erinnerungsstücke halten dich dort verankert.) Oder die Zukunft („Ich könnte es eines Tages brauchen.) Die Energie, die du durch das Leben für heute frei behältst, wird dir helfen, erfolgreich in jedem Bereich deines Lebens zu werden und inspiriere dazu, das Beste aus deinem Leben zu machen!

Spielplan Teil II – Tipp 100

100. Nimm 3 von diesen angeblichen sechs Stunden pro Woche, die wir verbringen, um nach verlorenen Gegenständen zu suchen und sie zu benutzen, um allmählich deine Hausschiffsform zu bekommen. Dann nehmen die anderen 3 Stunden für einen lustigen Ausflug oder eine Sitzung mit deinem Lieblingshobby. So modellierst du dich selbst, um ein Projekt zu schmälern, und nutzt die Zeit, die du freihast, um deinen Leidenschaften zu folgen. Danke fürs Lesen. Habe eine super Zeit, dich für das beste deines Lebens sortiert und organisiert zu erhalten!

Tag 1

Nimm zuerst ein Notizbuch, um die Gegenstände zu notieren, die du hast. Dies wird die gesamte Übung extrem einfach machen. Wähle einen Ort zum Starten. Du kannst jeden Bereich deines Hauses wählen. Stelle sicher, dass du mit einem Bereich beginnst, mit dem du dich wohlfühlst. Beginne nicht mit einem schwierigen Bereich, denn du wirst während des Prozesses hängen bleiben und aufgeben oder zaudern wollen, ich versuche nicht dich zu demotivieren, aber es ist natürlich, ich selbst schon bin dort gewesen!

Ich empfehle, dass du eine Liste von Orten oder Orten in deinem Haus erstellst, um mit dem einfachsten zu beginnen. Wenn du mit einem Bereich fertig bist, dann STOPP. Du haben die Wahl, deine Liste so einfach oder schwierig zu machen, wie du es wünschst, abhängig von den Orten in deinem Haus, die du in deine Liste aufnehmen (z. B. Zimmer / Schränke / Schubladen / Schränke). Dein spezifischer Zeitplan für die Ausarbeitung dieses Plans kann ebenfalls in dieser Liste enthalten sein.

Sagen wir zum Beispiel, du hast mit deinem Schlafzimmer begonnen, jetzt, um die Dinge einfacher und organisierter zu machen, beginnen wir mit einer Ecke deines Schlafzimmers. Lass uns von einem Ende zum anderen gehen. Nehmen wir an, du hast von der linken oberen Ecke deines Schlafzimmers angefangen. Gehe von der linken oberen Ecke zur rechten oberen Ecke, dann von rechts nach links. Du wirst das Zimmer im Zickzack angehen.

Du musst sicherstellen, dass du jeden Schrank, jede Schublade und jeden Behälter öffnest. Jetzt öffnest du ein Schrankbild, was du drinnen haben musst, wie ich in der Visualisierungsrichtlinie erwähnt habe. Sagen wir zum Beispiel, du beginnst mit einem Stoffschrank in deinem Schlafzimmer. Jetzt bevor du es öffnest stell dir vor, was drin sein soll. Sagen wir zum Beispiel, die folgenden Elemente sollten da sein,

Tipp! - Wenn es schwierig ist, die Abbildung zu finden, ist es zunächst schwierig, den teuersten Gegenstand zu dem billigsten Gegenstand zu machen, du kannst das umgekehrt tun. Alles, was für dich funktioniert, ist in Ordnung.

Ich werde vom teuersten zum billigsten Artikel gehen

* Denke daran, die folgende Liste ist nur ein Beispiel. Deine Liste könnte für beliebig viele Gegenstände weitergehen; Es gibt keine Barriere dafür.

1. Formelle Kleidung - 1

2. Jacken - 2

3. Jeans (Büro) - 3

4. T-Shirts (Büro) - 3

5. Jeans (casual) - 4 / Jeans - 4

6. T-Shirts (casual) - 4 / T-shirts (casual) - 4

7. Gürtel - 1

8. Krawatte - 1

9. Socken– 4 Paare

10. Schuhe – 2 Paare

Nimm jetzt das Notebook, das ich vorher erwähnt habe, und teile die Seite in zwei Teile. Auf der linken Seite setze die Überschrift als "angenommen" und schreibe alle diese Elemente nach unten. Du fragst dich vielleicht, warum ich das mache es wie eine Inventurzählung eines

Unternehmens. Nun, es ist einfach, es wird die ganze Last der Entrümplungsübung auf dem Notebook und nicht auf deinem Gehirn lassen. Du wirst es also nicht zu sehr betonen müssen.

Jetzt kannst du sehen, dass wir uns 10 Gegenstände ausgedacht und niedergeschrieben haben.

Öffne den Schrank. Und setzen die Überschrift auf der rechten Seite als "aktuell" gehe durch alle Kleidungsstücke und notiere sie. Du musst nicht jeden Gegenstand der Gegenstände aufschreiben, die paarweise sind. Zum Beispiel, wenn du drei Paar Socken hast, musst du sie nicht als Paar 1, Paar 2 und Paar 3 schreiben. Wenn du nur 3 Paar Socken schreibst, das ist mehr als genug, und es wird eine Menge Zeit sparen.

Du musst nur herausfinden, was du genau hast. Nachdem du alle Gegenstände im Stoffschrank durchgegangen bist, hast du die Liste "angenommen" auf der linken Seite und die "tatsächliche" auf der rechten Seite. Wenn nun beide Listen auf der linken und rechten Seite gleich sind, muss der Schrank nicht einfach dekrollt werden. Aber leider ist die Wahrscheinlichkeit dafür sehr gering. Meistens wirst du einen beträchtlichen Unterschied finden.

Vergesse nicht die 5 Haufen

1. Müll - M

2. Verkaufen - V

3. Spenden - S

4. Unsicher - U

5. Behalten - B

Kurz gesagt, ich habe vor jedem Stapel einen Brief gegeben, benutzen wir ihn. Du musst nicht beide haben, verkaufen und spenden, du kannst den einen bevorzugen, wie ich bereits erwähnt habe. Du kannst damit beginnen, dass du alle Gegenstände im Stapel als diejenigen betrachtest, die in die Kategorie "Halten" fallen. Aber wenn du irgendwelche weiteren Gedanken hast, gehe durch die Annahme-Liste, aber ich werde mit der tatsächlichen Liste beginnen, um zu illustrieren, wie das gemacht wird. Gehe in 5 Schritten durch die Liste und holen dir die Hilfe der "Annahme" - Liste, um zu entscheiden, welche Artikel du behalten musst.

Stufe 1 – Gehe durch deine Gegenstände und markiere die Objekte die du in den "Müll" Sack tust, mit dem Buchstaben "M".

Stufe 2 – Gehe durch deine Gegenstände und markiere die Objekte die du in den "Verkaufen" Sack tust, mit dem Buchstaben "V".

Stufe 3 – Gehe durch deine Gegenstände und markiere die Objekte die du in den "Spenden" Sack tust, mit dem Buchstaben "S".

Stufe 4 – Gehe durch deine Gegenstände und markiere die Objekte die du in den "Unsicher" Sack tust, mit dem Buchstaben "U".

Stufe 5 – Gehe durch deine Gegenstände und markiere die Objekte die du in den "Behalten" Sack tust, mit dem Buchstaben "B".

Erinnere dich an all die Dinge, die ich zuvor erklärt habe, habe keine Voreingenommenheit, wenn du das tust, wenn du es tust, dann wird diese ganze Übung sinnlos werden. Sobald du fertig bis,t brauchst du die annehmen Liste nicht mehr. Du weißt, was mit jedem Gegenstand zu tun ist. Alle Gegenstände mit B davor sollten im Stoffschrank bleiben. Ansonsten häufst du alle Gegenstände an, die M, V, S und U getrennt haben. Du kannst sie sogar in Boxen legen, wenn es für dich einfach ist. Stell sicher, dass sie nicht wieder durcheinander kommen. Fahre für den Rest der 30

Minuten von links nach rechts für die anderen Bereiche in deinem Schlafzimmer fort.

Jetzt sind die M-, V-, S- und U-Pfähle übrig. Was du sofort tun musst, ist, alle Gegenstände in den M-Stapel zu werfen.

Die Stapel V (Verkaufen) und S (Spenden) verlassen dein Zimmer. Such einen Standort in deinem Haus, um sie für einen temporären Zeitraum zu halten. Behandle sie als Gäste, die in ein paar Wochen abreisen und das Zimmer, in dem sie wohnen, ihr Gästezimmer ist. Behalte den unsicheren Stapel in der Ecke deines Zimmers.

Nutze deine Vorstellungskraft, um Objekte zu lösen, die schwer zu entfernen sind. Stelle einzigartige Fragen wie "Wenn ich das kaufen würde, wie viel muss ich dafür bezahlen?". Dies sind zusätzliche Techniken, die helfen, Unordnung zu beseitigen.

Wir sind so ziemlich fertig für den Tag. Und wenn du einen ganzen Tag dies machen möchtest und diese Übung in einem Zug absolvieren willst, kein Problem, aber achte darauf, dass du eine Pause einlegst, nachdem du dies eine Stunde lang getan hast, weil du während dieser Übung ständig denkst und es dich mental ermüden wird und

während des letzten Teils wirst du Schwierigkeiten haben,
dich darauf zu konzentrieren, was du tust.

Tag 2

Lasse uns die gleichen Schritte wiederholen, bis du den M-Stapel verworfen und die V- und S-Stapel an ihre Position verschoben hast.

Nehmen dann den unsicheren Stapel des vorherigen Tages und überprüfe ihn, ob du Gegenstände findest, die weggeworfen, verkauft, gespendet oder aufbewahrt werden sollten. Wenn dies der Fall ist, verschieben sie zu dem relevanten Stapel, in dem sie sich befinden sollten.

Unser Ziel, Minimalismus zu erreichen, erfordert die oben genannten Techniken, um bestimmte Bereiche des Hauses zu entwirren. Ich habe diese Methoden persönlich ausprobiert und es hat alles für mich, meine Familie und Freunde geklappt und ich hoffe, dass es auch für dich so sein wird. Wie ich geplant habe, habe ich fünf Boxen benutzt: Müll, verkaufen, spenden, unsicher und behalten. Kein Gegenstand wurde zurückgelassen, jeder wurde sorgfältig betrachtet. Manche Projekte dauerten Stunden, manche Tage und andere Wochen. Stil und Prinzip blieben jedoch ähnlich.

Hier ist der Punkt der Sache, egal welchen Stil oder Methode der Technik du wählst, um zu helfen, damit anzufangen, das erste und vor allem das Ziel ist, milde und erste Schritte mit Initiative und Aufregung anzunehmen. Ich verspreche dir, dass hinter jedem Durcheinander frische Luft ist und du mehr Raum und mehr Profit genießen kannst. Es ist deine Entscheidung, wie du alles klärst.

Tag 3

Nun, du hast diese Übung für 2 Tage gemacht und du kannst eine Veränderung in den Bereichen deines Hauses beobachten, die du getan hast.

Dies kann auf drei Dinge aufgerundet werden:

1. Das Durcheinander in deinem Zimmer beginnt zu verschwinden.

2. Du hast einen wachsenden Stapel von Gegenständen, die du verkaufen oder spenden kannst.

3. Der unsichere Stapel in dem relevanten Bereich nimmt zu (aber wenn du Gegenstände auf die M-, V- und S-Stapel transferierst, wird sie abnehmen oder statisch bleiben).

Wenn die oben genannten Änderungen passieren, bist du auf der richtigen Spur und du musst mit Konsistenz und Freude fortfahren.

Es gibt Ebenen beim Entwirren. Es kann sein, dass dein Zuhause bereits ordentlich und aufgeräumt ist, aber es wird immer diesen bestimmten Bereich geben, der mit unwesentlichen Dingen wie alten Papierkram, der herausgeworfen werden muss, oder deinem

Medikamentenschrank, den du nicht ausgeräumt hast, vollgestopft wurde von abgelaufenen Pillen und Salben für mehr als ein Jahr und muss aussortiert werden.

Dieser Leitfaden wird dich in jedem Niveau der Entrümpelung unterstützen. Dieser Leitfaden gilt für jede Art von Unordnung und Chaos den du in deinem Haus hast, ob es nur ein wenig Chaos oder es die Katastrophe Zyklon Art von Unordnung ist.

Tag 4

Setze die Übung wie gewohnt fort und nehmen wir an, dass du bis zu diesem Tag den Entbergungsprozess für dein Zimmer beendet hast und auch den unsicheren Stapel erneut besucht hast. Dies ist was du jetzt tun musst, konzentriere dich auf die Stapel V (Verkaufen) und S (Spenden). Du musst deine Freunde und Verwandten tippen, poste diese Gegenstände auf Flohmarkt Websiten wie

1. www.ebay.com

2. www.amazon.com

3. www.craigslist.org

4. www.gumtree.com

5. www.etsy.com

Für die Gegenstände, die du spenden musst, kannst du einige deiner Freunde oder Verwandten anzapfen, die sie vielleicht nutzen könnten, oder du kannst sie deiner Kirche oder einer nahegelegenen Wohltätigkeitsorganisation geben, die sie an Leute richtet, die sie nutzen können.

Vielleicht kannst du Leute oder Verkaufsstellen finden, die am selben Tag Spenden sammeln, aber im Allgemeinen dauert es ein paar Tage oder sogar einen Monat, um diese Gegenstände zu verkaufen oder zu spenden. Aber sie werden nicht mehr dein Zimmer überladen.

Beachte, dass du jede Aufgabe zu 100% erledigen musst. Nach der Sortierung nach Kategorien ist das Loslassen entscheidend. Überlege nie, ob du Kisten für wohltätige Zwecke und Freunde aufbewahrst, um "später" zu liefern. Der Schlüssel zum Entwirren ist "Mach es jetzt!" Beende den Vorgang, nimm das Plastik oder die Kisten so bald wie möglich zum Müll oder zum Recycling. Jetzt, wenn du planst, Gegenstände zu spenden oder zu verschenken, lege alles sofort in deinen Lastwagen oder plane, um sie alle abliefern zu lassen. Du hast die Sachen schon getrennt, sie zur Entsorgung gepackt, also vervollständige das Ganze.

* Denke daran, dass du manchmal nicht den erwarteten Preis für die Artikel erhalten kannst, die du verkaufen möchtest. Dann hast du drei Möglichkeiten:

1. Verkaufe sie zu dem Preis, zu dem du ihn erhalten hast.

2. Wenn niemand sie kaufen möchte, spende sie.

3. Wenn du keine Person oder keinen Ort finden kannst, um sie zu spenden, was sehr selten ist, sende sie auf den Müllhaufen.

Denke niemals über die Option nach, sie zu behalten, "das wird definitiv dein Zimmer durcheinander bringen und dich zurück auf Platz 1 bringen !!" Diese Gegenstände müssen dein Haus innerhalb von ein bis zwei Monaten irgendwie verlassen. Bitte missverstehe nicht meine Selbstbehauptung, aber meine Verantwortung ist es, dir eine starke Richtlinie zu geben und diese Übung produktiv zu machen.

Bitte zögere nicht, dies zu tun, denn dies wird etwas Geld für dich generieren. Einige haben das Vorurteil, dass das Ziel von Entrümplung ist, Platz zu schaffen und all die Dinge zu zerstören, die man nicht braucht, aber das ist ein falsches Konzept und eine falsche Art, es zu betrachten.

Wie ich dir in der Einleitung gesagt habe: "Dies ist eine praktische Übung, die dir hilft, Unordnung zu beseitigen und etwas Geld zu generieren", müssen die beiden Ziele erreicht werden, damit dies ein Erfolg wird.

Wenn du nur spenden und nicht verkaufen möchtest, dann ermutige ich dich, deine Ziele so zu setzen, dass du das

Durcheinander aus deinem Haus entfernen und anderen helfen kannst.

In jedem Fall wird diese Übung eine sinnvolle Bedeutung haben.

Wie wir bereits erwähnt haben, sind andere Formen des Verkaufs deiner Unordnung durch Werbung auf Social-Media-Websites, wo Tausende von Menschen gehen, um zu investieren, zu kaufen oder verkaufen brandneue und beliebte Produkte. Für das Zeug, von dem du denkst, dass es noch anderen nützen würde, mache dann ein Foto von demselben. Du musst kein professioneller Fotograf sein, um dies zu erreichen, es genügt ein einfaches Bild mit klaren Lichtern und hellem Hintergrund. Veröffentliche danach die Bilder deiner Artikel auf einer dieser Websites:

1. Facebook

2. Pinterest

3. Twitter

4. Instagram

5. Personal Blogsites

Nachdem du dies getan hast, addieren eine Überschrift mit einer klaren Beschreibung der Waren, die du verkaufen möchtest. Wenn es Unvollkommenheiten oder leichten Schaden gibt, fügen es auch der Beschreibung hinzu, um den Käufern zu zeigen, dass du in gutem Glauben bist und Integrität mit deinen Worten hast, und sie werden sicher von dir das zweite oder sogar dritte Mal kaufen. Vergesse nicht, den Preis anzugeben. Wenn du für das Feilschen offen bist, dann sage, dass der Gegenstand "verhandelbar" ist, sodass der Käufer oder Klient feststellen kann, dass du leicht mit ihm kommunizieren kannst und dies wird dir einen Hebel geben, wie du deine Gegenstände verkaufst. Deine Käufer werden dich als zugänglich und einfach zu behandeln sehen und sie werden immer wieder zu dir kommen, um weitere Artikel zu kaufen und zu behalten. Wiederhole die gleichen Schritte. Jetzt kannst du sehen, dass wir innerhalb von vier Tagen einen Bereich deines Hauses geräumt haben und wir haben Folgendes ohne Voreingenommenheit für alle Objekte in diesem Bereich getan:

1. Klar klassifiziert, welche Gegenstände für uns nützlich sind und was wir behalten werden und wir haben sie behalten.

2. Klar klassifiziert, welche Gegenstände wir verkaufen und Geld verdienen können, welche Gegenstände wir spenden können und anderen helfen (beides oder einer davon) und verkaufen und spenden.

3. Klar klassifiziert, was die Gegenstände sind, brauchen wir einige Zeit, um zu entscheiden, was mit ihnen zu tun ist, und sie kontinuierlich zu überprüfen, bis wir sie in drei Monaten veräußert haben.

Du kannst jetzt in den nächsten Bereich des Hauses gehen. Es gibt nur zwei Dinge, die du für den Bereich deines Hauses tun musst, den wir beendet haben.

1. Du musst den unsicheren Stapel in deinem fertigen Bereich einmal pro Woche durchgehen und alle Gegenstände verschieben, die entsprechend auf einen anderen Stapel verschoben werden müssen

2. Du musst die Werbung, die du für die Verkaufsartikel gemacht hast, weiterverfolgen und sie verkaufen und die Spendenartikel an die Personen liefern, denen du sie spenden möchtest.

Jetzt beim Weitergehen lass uns annehmen du hast

3 Schlafzimmer

2 Badezimmer

1 Wohnzimmer

1 Esszimmer

1 Küche

1 Garage

Also, wenn wir davon ausgehen, dass es 4 Tage dauert, um jedes zu entrümpeln, dann ...

3 Schlafzimmer - 4 Tage x 3 = 12 Tage

2 Badezimmer - 4 Tage x 2 = 8 Tage

1 Wohnzimmer - 4 Tage x 1 = 4 Tage

1 Esszimmer - 4 Tage x 1 = 4 Tage

1 Küche - 4 Tage x 1 = 4 Tage

1 Garage - 4 Tage x 1 = 4 Tage

Total = 36 Tage um dein Zuhause zu entwirren und weitere 54 Tage, um den Unsicheren Stapel zu entfernen.

Du wirst also in drei Monaten buchstäblich ein ordentliches Zuhause haben. So einfach ist das.

Aber denke daran, alles oben genannte sind durchschnittliche Führer. Zum Beispiel, wenn du in einer Wohnung lebst, kann dies in weniger als der Hälfte der Zeit tun.

Und wenn du am selben Tag die Unsicher Pfähle im Haus abwerfen willst, dann beende das Entrümpeln des letzten Zimmers, das total bis du. Ich werde keine strenge Richtlinie dafür geben, weil es völlig an dir liegt, zu tun, was für dich bequem ist. Aber denke daran, die Praktikabilität und Produktivität dieser Übung nicht zu gefährden.

Beachte, dass du auch nicht zu hart an dir selbst sein solltest. Verbringe nicht das Ganze, sondern den ganzen Tag damit, dein ganzes Haus zu organisieren. Nur wenige Menschen haben Zeit, Energie und Konzentration, um 8 bis 10 Stunden damit zu verbringen, zu reparieren, zu entwirren und zu organisieren. Du könntest frustriert und weniger effizient sein, wenn du zehn Stunden lang gerade arbeitest und entwirrst. Du wirst dich nicht müde, verschwendet oder gar ausgebrannt fühlen, wenn du unseren Richtlinien über die Anzahl der Minuten oder Stunden folgst, die du für die Durchführung deines Entwirrungsprojekts ausgeben musst. Dadurch fühlst du dich ermutigt, inspiriert und motiviert, dich durchzuarbeiten.

Dies ist das Ziel dieses Buches, dir zu helfen, deine Wohnung zu entwirren und die Last zu reduzieren, Freiheit durch eine ausgeglichene Perspektive, gekoppelt mit produktivem Stil und Techniken beim Entwirren, zu erreichen. Ich bin hier, um dir zu helfen, und wenn du einmal den Erfolg deiner Bemühungen gesehen hast, könntest du diesen Artikel auch mit jemandem teilen, der Hilfe benötigt.

Halte Ausschau Nach Diesen!!

Bis jetzt habe ich die praktische Methode zur Entschlüsselung deines Hauses illustriert. Ich habe andere Bücher über Organisation geschrieben und dein Leben vereinfacht, für das ich seit einiger Zeit leidenschaftlich bin, und ich bin zu dem Schluss gekommen, dass die meisten meiner Leser meine gleichen Gedanken mit einem aufgeräumten Haus- oder Büroarbeitsplatz teilen, aber sie wissen einfach nicht, wo sie anfangen soll.

Ich teile nicht nur mein Herz mit diesem Buch, sondern auch meine Erfahrung. Wenn dein Haus mit so viel Unordnung und einem Haufen Chaos gefüllt ist, wird es eine überwältigende Aufgabe, es zu entfernen und neu zu organisieren.

Also, wie fangen wir an? Hier ist mein einfacher Tipp: Beginne mit 5 Minuten. Kleine und kleine Schritte würden später alles einfacher machen. Diese fünf Minuten würden nicht die Hälfte deines Durcheinanders beenden, aber es ist sicher ein guter Anfang! Sobald du angefangen hast, ist es Zeit zu feiern, seit du den Status quo gebrochen hast, ein Leben in Unordnung zu leben. Dies ist der Beginn eines neuen und ausgezeichneten Kapitels in deinem Leben. Unordnungs-frei, durcheinander frei!

Der nächste Tag wird sehr viel einfacher sein, morgen noch 5 Minuten, dann am nächsten Tag und bevor du es weißt, hast du dein Schlafzimmer, Küche, Essbereich oder sogar die Hälfte deines Hauses geräumt! Es ist, wie ein Spiel, das du spielst, nur dieses Mal erwirbst du erstaunliche und produktive Ergebnisse.

Es gibt einige Dinge, auf die du achten solltest. Das sind alles wichtige Dinge, die besprochen werden sollten. Konzentriere dich bitte zu 100% auf Folgendes:

1. Voreingenommenheit

Seie niemals voreingenommen, wenn du dich für einen Gegenstand entscheidest, um dein Zuhause entweder durch den Müllhaufen, den Verkaufsstapel oder den Spendenhaufen zu verlassen. Es wird nur zum Durcheinander beitragen. Denke objektiv, anstatt emotional zu denken.

Versteh das jetzt nicht falsch, denn ich weise dich an, Fotos wegzuschmeißen, die die süßesten Erinnerungen in deinem Leben haben. Alle Listen, die ich gegeben habe, sind reine Beispiele. Was du wichtig findest, ist nicht dasselbe wie das, was einer anderen Person wichtig ist. Das einzige, was du im Auge behalten solltest, ist, dass deine produktive, unvoreingenommene Beurteilung vornehmen müssen. Wir glauben, Erinnerungen und Andenken können nicht ersetzt werden und begleiten bestimmte Ereignisse oder wunderbare Geschichten von deinem Leben und deiner Familie. Du könntest einen Weg finden, all dies entweder durch Digitalisierung oder durch Aufstellen von Kästchen, die speziell für Memoiren bestimmt sind, zu finden. Übertreib es einfach nicht. Beachte immer, dass wir an ENTRÜMPELN arbeiten und die unnötigen Gegenstände, die dein Haus verstopfen, durchstreichen müssen und es wie ein Durcheinander aussieht.

2. Halte Konsistenz

Diese Übung dauert im Allgemeinen 30 Minuten deiner Zeit für den ersten Monat und dann, bis wir über den unsicheren Stapel verfügen, dauert es ungefähr 10 bis 15 Minuten deiner Zeit. Ich weiß du hast Verpflichtungen und an manchen Tagen wirst du deine Zeit dafür nicht aufbringen können. Das ist unvermeidlich; Du musst Zeit für diese Verpflichtungen reservieren. Das ist völlig verständlich, aber nutze das nicht als Entschuldigung dafür, dies aufzuschieben.

3. Verwende immer die Hilfe des Notebooks

Zuerst, wie ich bereits erwähnt habe, könntest du das nicht nötig haben, aber erinnere dich, wie ich zuvor gesagt habe, das die gesamte Last auf dem Buch liegt. Am Ende des Prozesses für jeden Raum, wirst du wissen, was du hast und was du beschlossen hast, mit ihnen zu tun oder eher was du mit ihnen während des Prozesses getan hast. Du wirst vielleicht überrascht sein, was du in deinem Haus hast.

Eine andere Seite davon ist, dass du weißt, wo du unnötigerweise unnötige Dinge ausgibst und sie reduzieren musst. Dies wird einen erheblichen Einfluss auf deine Ausgabengewohnheiten haben und dir hilft, Geld zu sparen, das für wichtigere Dinge ausgegeben werden können.

Das Notizbuch dient als eine Aufzeichnung von dem, was du in den letzten Tagen geleistet hast, ENTRÜMPEL dein Haus, das durch einen Raum und einen Schrank gleichzeitig geht. Da uns manchmal unsere Erinnerungen fehlen, wird das Notebook in Zeiten der Not nützlich sein. Dies wird dir helfen, Verbesserungen aufzuspüren und den Plan des Entwirrens beizubehalten. Für einen unterhaltsamen Ausblick darauf warum nicht auch einen

Hauch von Kreativität bei der Erstellung eines Notebooks speziell für dieses Projekt hinzufügen. Füge Farbe und ein bisschen Kunst und Handwerk hinzu, damit sich das Schreiben nicht wie eine Schulaufgabe anfühlt, sondern ein Hobby, auf das du dich auch freuen kannst.

Zuletzt

Wir sind also am Ende dieses Leitfadens zum Decluttering angelangt. Ich hoffe, dir ist klar was du tun musst, wie es geht und worauf du achten musst.

Dies ist ein kurzer Leitfaden und der Grund, warum ich zu diesem Aspekt kein langes Buch geschrieben habe, ist, weil ich wollte, dass dies ein Aktionsplan für dich ist, der dein Leben positiv beeinflussen wird, indem du dein Zuhause unbehelligt machst. Meine persönliche Theorie für diese oder jede Veränderung, die im Leben gemacht werden muss, ist, dass der Plan oder eher

"Der Aktionsplan ist 2% und die Aktion ist 98% der Veränderung, die du machen musst"

Das ist die Philosophie, der ich in meinem Leben folge, und das hat mir enorm geholfen, und es wird auch für dich dies tun.

Eine andere Idee, die man im Kopf behalten sollte, ist, dass das Problem manchmal nicht nur an uns liegt, sondern an den Menschen, mit denen wir in unseren Häusern leben. Ein Haus, das nicht überladen ist, ist organisiert und frei von der Unordnung ist eine klare Vorstellung von gemeinsamen Ideen von allen Menschen in der gleichen Residenz leben. Spreche mit deinen Mitbewohnern und lasse wissen, dass du in einem übersichtlichen Zuhause leben willst. Tu dies mit viel Anmut und Überredungskunst, anstatt wie nörgeln oder schimpfen zu klingen. Erkläre, wie unterhaltsam das Entwirren für die ganze Familie und die Ergebnisse sein kann, die es im Leben effektiv hervorbringen wird.

Ein anderer Gedanke

Das könnte etwas sein, woran du schon denkst

"Kann Decluttering nicht auch für mein Leben verwendet werden?"

Nun, sicherlich kann es. Und es wird dir in viel mehr profitieren, als dein Haus zu leeren, weil dein Zuhause nur ein Teil deines Lebens ist.

Du hast die Kontrolle über diese Entscheidung, dich so oft zu entwirren, wie du magst und brauchst. Du könntest es jeden Tag tun und du könntest sogar einen Timer benutzen. Diese Gewohnheit könnte jedoch zu einer treibenden Kraft werden, die dazu führt, zwanghaft zu sein. Es könnte passieren, dass du, wenn du einmal anfängst, alles zur gleichen Zeit reinigen möchtest. Nicht!

Du könntest dich selbst verbrennen und über das hinausgehen, was du erreichen kannst. Alles hat Grenzen, also führe nur eine kleine Menge nach dem anderen aus. Vergiss nicht, dass dein Haus nicht nur in einem Fall unordentlich und dreckig geworden ist, also kannst du nicht alles in nur einer Nacht putzen. Das Einstellen eines Timers würde dir helfen, Zeit zu gewinnen und nicht über Bord zu gehen. Es kann nicht in übermenschlicher Geschwindigkeit erreicht werden, dein Haus vollständig zu entwirren, aber es ist durch sorgfältig angelegte Strategien und Methoden möglich, genau wie ein Puzzle, das sich später zu einem größeren Bild zusammenfügt.

Das Durcheinander in deinem Leben ist die Ursache von:

1. Stress

2. Angst

3. Laune

4. Depression und

5. Wut

Frei von ihnen kannst du dein volles Potenzial leben. Dies werde ich in einem anderen Buch behandeln.

Endlich ...

Vielen Dank, dass du dir die Zeit genommen hast, dieses Buch zu lesen. Ich hoffe, es wird dein Zuhause in ein unzerstörbares Zuhause verwandeln, das gemütlicher sein wird. Wenn das getan ist, dann ist mein Ziel, dieses Buch zu schreiben, erreicht. Sobald du den Dreh raus hast, dein Haus zu entwirren, kannst du deinen Computer und sogar deinen Arbeitsplatz aufräumen. Nachdem du eine systematische Methode zur Organisation des unordentlichen und chaotischen Hauses gelernt hast, hast du jetzt das Wissen, eine Technik zu schaffen, die alle anderen Bereiche deines Lebens entwirrt.Danke noch einmal!!

"It's not the daily increase but daily decrease. Hack away at the unessential." - Bruce Lee

Fazit

Wie ich bereits erwähnt habe, muss das Entwirren nicht perfekt sein, es muss einfach, angenehm, lustig und funktional sein. Du musst kein Genie sein, um dein eigenes Zuhause zu verschönern und zu gestalten und das gleiche mit Stil und Anmut zu organisieren. Du wirst sogar erstaunt sein über die Vorteile, die du als Ergebnis deines organisierten und unzerstörten Lebens erhalten wirst. Der Profit, den du beim Entwirren verdienen kannst, wird auch die Früchte deiner Arbeit sein und sogar dazu dienen, anderen in ihrer finanziellen Notlage zu helfen.

Du könntest Zeugnisse von Menschen hören, die Durchbrüche im Leben hatten, als sie einen kleinen Schritt machten, um das Durcheinander loszulassen, an dem sie sich jahrelang festhielten. Eine dieser erstaunlichen Geschichten könnte deine sein. Stelle dich in einem sauberen, organisierten und aufgeräumten Zuhause vor. Selbst deine Familie und Freunde werden diese Veränderung sehen und sogar in deinem Haus leben wollen. Die Leute werden anfangen zu fragen, wie du das oder das getan hast und sie würden nach Rat und Richtlinien suchen. Wer weiß, du könntest eines Tages sogar dein eigenes Buch oder deinen eigenen Artikel schreiben und zum Guru des Declutterings werden.

Du hältst deine Zukunft, du hältst dein Leben. Entwirrung deines Hauses ist ein kleiner Schritt zu einem erfolgreichen Leben. Es ist wahr, dass ein organisiertes Zuhause ein organisierter Geist ist. Das Wissen, Dinge und Gegenstände zu organisieren und zu unterteilen, ist ein Geschenk, das nur ein paar Leute haben, und es könnte dir mit diesem Buch gehören. Findest du es nicht an Orten mit allen Tischen, Türen, Stühlen, Utensilien an ihren richtigen Orten? Willst du nicht an einem Ort leben, an dem alles in Ordnung ist? Wenn du dein Haus auf diese Weise eingerichtet hast, schau dir die größeren Möglichkeiten an, die du in deiner Schule, im Büro und sogar in der Gemeinschaft erreichen kannst. Hast du jemals gedacht, dass eine Person mit Größe, einfach dein Bett reparieren kann?

Ich erinnere mich an einen hochrangigen Militärbeamten, der einmal zu seinem plumpen und unordentlichen Untergebenen sagte: "Wie kannst du die Welt verändern, wenn du dein eigenes Bett nicht reparieren kannst?". Das ist wirklich wahr. Du kannst nicht helfen, das Durcheinander anderer Leute zu reparieren und eine Veränderung in ihrem Leben herbeizuführen, wenn du dein eigenes kleines Durcheinander nicht reparieren kannst.

Genau wie dein Haus, ist es auch empirisch, dass du eine Extrameile nehmen, um deine eigenen Computer oder Geschäft (wenn du mit irgendeinem Handelsunternehmen beschäftigt bist) genau die gleiche Methode zu entwirren, die wir angefangen haben, um dein Haus zu entwirren. Darüber hinaus freue ich mich, dir mitteilen zu können, dass ich begonnen habe, einige weitere Bücher zu diesen Themen zu schreiben, um dir weiter zu helfen.

Nun, da du dieses Buch gelesen hast, ist es an der Zeit, jedes Prinzip in die Tat umzusetzen. Wenn du in diesem Projekt erfolgreich bist, vergesse nicht, dieses Buch mit anderen zu teilen und sie wissen zu lassen, dass das Entwirren eine leichte und machbare Aufgabe ist. Also, leg dein Kinn hoch, denn du bist nur Minuten davon entfernt, die Freiheit zu erlangen, die du verzweifelt anstrebst, die Freiheit von einem chaotischen, desorganisierten und durcheinander geworfenen Leben. Genießt diese Reise mit mir, wenn wir es Schritt für Schritt in ein unzerstörtes Zuhause bringen!

Vielen Dank und viel Glück!

Chloe S